Discovery
EDUCATION

맛있는 과학

디스커버리 에듀케이션
맛있는 과학-27 지형과 해양

1판 1쇄 발행 | 2012. 2. 9.
1판 4쇄 발행 | 2018. 3. 11.

발행처 김영사
발행인 고세규
등록번호 제 406-2003-036호
등록일자 1979. 5. 17.
주 소 경기도 파주시 문발로 197(우10881)
전 화 마케팅부 031-955-3102 편집부 031-955-3113~20
팩 스 031-955-3111

값은 표지에 있습니다.
ISBN 978-89-349-5476-7 64400
ISBN 978-89-349-5254-1 (세트)

좋은 독자가 좋은 책을 만듭니다. 김영사는 독자 여러분의 의견에 항상 귀 기울이고 있습니다.
독자의견전화 031-955-3139 | 전자우편 book@gimmyoung.com | 홈페이지 www.gimmyoungjr.com
어린이들의 책놀이터 cafe.naver.com/gimmyoungjr | 드림365 cafe.naver.com/dreem365

어린이제품 안전특별법에 의한 표시사항

제품명 도서 **제조년월일** 2018년 3월 11일 **제조사명** 김영사 **주소** 10881 경기도 파주시 문발로 197
전화번호 031-955-3100 **제조국명** 대한민국 **⚠주의** 책 모서리에 찍히거나 책장에 베이지 않게 조심하세요.

최고의 어린이 과학 콘텐츠

디스커버리 에듀케이션 정식 계약판!

Discovery EDUCATION

맛있는 과학

27 | 지형과 해양

민주영 글 | 홍희숙 그림 | 류지윤 외 감수

주니어김영사

차례

1. 바닷속 이야기

바다의 탄생 8

TIP 요건 몰랐지? 원시 지구의 대기 11

바다의 이름 12

TIP 요건 몰랐지? 엘니뇨는 무엇일까요? 17

바다는 얼마나 깊을까요? 18

TIP 요건 몰랐지? 바다의 역할 23

바닷속 지형 24

TIP 요건 몰랐지? 육지가 바다로 변했어요 28

TIP 요건 몰랐지? 해산과 기요 29

Q&A 꼭 알고 넘어가자! 30

2. 바닷물의 비밀

짠맛이 나요 34

TIP 요건 몰랐지? 바닷물 속에 오래 있으면 어떻게 될까요? 39

밀물과 썰물 40

TIP 요건 몰랐지? 시화호 조력발전소 44

우리나라 주변의 바다 45

TIP 요건 몰랐지? 물의 밀도에 의한 해류 50

TIP 요건 몰랐지? 배타적 경제수역 51

Q&A 꼭 알고 넘어가자! 52

3. 바닷속 탐험

바다 생물 이야기 56

TIP 요건 몰랐지? 열수 분출공 58

TIP 요건 몰랐지? 신기한 생물, 크리스마스 트리웜 59

바닷속 사막화 60

TIP 요건 몰랐지? 바다를 오염시킨 유조선 63

Q&A 꼭 알고 넘어가자! 64

4. 흙을 나르는 물

풍화와 토양 68

흐르는 물의 작용 71

TIP 요건 몰랐지? 물의 흐름 살펴보기 77

지하수의 작용 78

TIP 요건 몰랐지? 탄산음료를 마시면 치아가 상해요 81

Q&A 꼭 알고 넘어가자! 82

5. 지표의 변화

해수에 의한 변화 86

빙하에 의한 변화 89

TIP 요건 몰랐지? 빙하가 녹고 있어요 91

바람에 의한 변화 92

Q&A 꼭 알고 넘어가자! 98

관련 교과

초등 5학년 1학기 1. 지구와 달
초등 6학년 1학기 4. 생태계와 환경
초등 6학년 2학기 1. 물속에서의 무게와 영역, 3. 쾌적한 환경
중학교 1학년 8. 판구조론과 지각변동

1. 바닷속 이야기

바다는 사람이 사는 땅의 두 배가 넘는 부분을 차지해요. 넓은 만큼 비밀도 많지요. 바닷속에는 아직 우리가 밝혀내지 못한 생물도 있고, 많은 자원도 있답니다. 여름에는 더위를 잊게 해 주고 때로는 큰 피해를 주기도 하는 바다에는 어떤 비밀이 있는지 살펴볼까요?

바다의 탄생

우리가 사는 지구는 무엇으로 이루어져 있을까요? 궁금하다면 지구본을 한 바퀴 돌려 보세요. 육지와 바다 가운데 무엇이 더 넓은가요? 지구본만 보더라도 육지보다 파란빛의 바다가 훨씬 넓다는 사실을 알 수 있을 거예요. 지구 전체에서 바다가 차지하는 비율은 약 70%입니다. 우리가 사는 땅보다 훨씬 넓다는 뜻이지요. 그렇다면 땅보다 훨씬 넓은 바다는 어떻게 생겨났을까요?

바다가 언제 어떻게 만들어졌는지에 대한 의견은 학자마다 달라서 지금까지도 어떤 의견이 정확히 맞는지 알 수 없습니다. 사람들이 일반적으로 인정하는 의견은 약 45억 년 전에 지구가 탄생했고, 그 이후 억수 같은 비가 내려 바다가 만들어졌다는 내용이에요.

원시 지구는 사람이 살기 좋은 지금의 지구와는 많이 달랐어요. 미행성과 충돌이 일어나 표면에 마그마가 펄펄 끓었지요. 마그마는 시간이 지나면서 조금씩 식었습니다. 이때, 마그마가 식으면서 공기 속 수증기가 물방울로 변했답니다. 이렇게 물방울로 변한 수증기가 구름을 만들었고, 마침내 하늘을 뒤덮은 두꺼운 구름에서 비가 내리기 시작했어요.

미행성

태양계가 생겼을 때 존재했던 것으로 추측하는 작은 천체를 말해요. 미행성의 정의는 분명하지 않아요. 어떤 학자는 지름이 10km 정도의 천체를 미행성이라고 부릅니다.

지구의 70% 이상이 바다로 이루어져 있다.

펄펄 끓던 마그마가 이 비를 맞고 더욱 빠르게 식었으면 좋았겠지만, 이때 내린 비는 시원한 비가 아니라 300°C에 가까운 뜨거운 비였답니다. 하지만 당시 땅의 표면이 1,300°C 정도로 아주 뜨거웠기 때문에 300°C의 비도 땅을 서서히 식혀 줄 수 있었어요. 만약 요즘 내리는 비처럼 차가운 비가 내렸다면, 지구는 더욱 빠르게 식었을 거예요.

이렇게 조금씩 땅 표면이 식으면서 더 많은 공기 속 수증기가 물방울로 바뀌어 비가 점점 많이 내렸습니다. 땅은 비를 맞고 계속 식어 갔지요. 비가 내리고, 땅이 식고, 더 많은 비가 내리는 일은 아주 오랫동안 반복해서 일어났어요.

많은 양의 비가 고여서 바다가 생겼고, 원시 대기를 이루고 있던 구름이 점점 사라지며 공기를 이루는 이산화탄소가 생겼어요. 지금은 공기 중에 이산화탄소의 양이 많지 않지만, 원시 대기에는 이산화탄소의 양이 아주 많았답니다. 이산화탄소는 원시 대기에서 생기기 시작했지요.

높은 온도도 문제였지만 원시 대기에는 이산화탄소가 많아서 생물이 살 수 없었어요. 그 후로 원시 대기의 농도가 점점 옅어지면서 지표면 온도는 더 내려가 현재와 같은 육지와 바다, 그리고 대기가 만들어졌답니다. 얼마나 많은 비가 왔기에 빗물이 모여 바다를 이루었을까요? 그때 내렸던 비는

우리나라 여름 장맛비의 양과는 비교할 수 없을 정도였어요. 빗물이 아니라 하늘에서 폭포가 쏟아졌다고 상상하면 더 정확할 거예요. 만약에 지금 그런 비가 온다면 큰일이지만, 당시에는 생명체가 없었기 때문에 걱정할 일은 없었어요. 엄청난 양의 비가 내려 오히려 뜨거운 지구를 식혀 주는 아주 좋은 기회가 되었지요.

TIP 요건 몰랐지?

원시 지구의 대기

원시 지구는 지금의 모습과는 매우 다른 형태였어요. 그 당시에는 지구에 생명체가 살지 못했답니다. 오존층이 없었기 때문이에요. 오존층은 오존을 많이 포함하는 대기층으로 지상에서 20~25㎞ 떨어진 하늘에 있습니다. 오존층은 태양의 자외선을 잘 흡수하는 성질이 있지요. 자외선은 사람을 포함한 생물에 해를 끼쳐요. 그래서 지구에 자외선을 막아 주는 오존층이 없으면 생명체는 살 수 없습니다. 이런 고마운 오존층은 지구에 광합성을 하는 수중 식물이 나타난 이후에 늘어난 산소들이 하늘로 올라가서 생겼답니다.

현재 지구의 대기는 질소와 산소 기체가 대부분을 차지하지만, 원시 지구의 대기는 메탄이나 암모니아 수증기와 수소가 대부분이었습니다. 생물이 살아가는 데 꼭 필요한 산소가 없었으니 생명체는 살 수 없었지요.

바다의 이름

여러분의 이름은 누가 지어 주었나요? 우리의 이름은 대부분 부모님이나 할아버지 또는 다른 가족이 지어 주십니다. 그런데 우리나라 바다인 동해, 서해, 남해는 어떻게 이름이 붙여졌는지 궁금하지 않나요? 이 이름들은 우리가 사는 곳을 중심으로 동서남북을 따져 지은 이름이랍니다. 그 외의 다른 바다 이름은 어떻게 생겨났는지 살펴보아요.

우리나라 바다의 이름은 국립해양조사원에서 운영하는 '해양지명위원

회'에서 짓습니다. 겉보기에 바다는 물로만 이루어진 것처럼 보이지만 사실 바다 밑 지형은 육지처럼 산, 계곡, 평야 등 매우 다양한 형태로 구성되어 있어요. 국립해양조사원에서는 이러한 바닷속 산(해산), 산맥, 해저 평원 등의 이름을 짓고 연구하기 위하여 해양지명위원회를 설치해 운영하고 있답니다. 우리나라와 가까이 있는 모든 바다의 이름을 체계적으로 정하여, 바다 이름을 부르기 쉽고 쓰기 편하게 하고 있어요. 이 위원회에서 정한 바다의 이름은 유엔(UN) 등 국제기구에 등록되어 세계 각국에서 만드는 해도 및 각종 책자에 실려 널리 사용된답니다.

그렇다면 세계의 바다 이름은 어떻게 지을까요? 혹시 '오대양'이라고 들어 본 적이 있나요? 오대양은 태평양, 인도양, 대서양, 북극해, 남극해, 이렇게 세계의 다섯 대양을 통틀어 칭할 때 사용하는 말이에요. 대양은 세계의 바다 가운데 넓은 지역을 차지하는 큰 규모의 바다를 말합니다.

오대양 중 태평양은 마젤란이라는 포르투갈 사람이 110일간의 세계 일주를 하는 도중에 이름을 붙였습니다. 마젤란은 항해를 하던 중에 심한 폭풍을 만나 고생하다가 지금의 마젤란 해협을 통과하자, 바다가 갑자기 조용해졌다고 기록했어요. 감격한 마젤란은 그 바다를 매우 평화롭고 태평한 바다라고 말하여 태평양이란 이름을 붙였답니다. 인도양은 인도라는 큰 나

해도

바다에 관한 모든 상황을 자세히 표시해 놓은 항해용 지도를 말해요. 바다의 깊이, 바다 밑의 성질, 암초의 위치, 조류의 방향, 항로 표지, 연안의 약도 등이 자세하게 나와 있답니다.

페르디난드 마젤란
Ferdinand Magellan, 1480~1521

포르투갈에서 태어난 에스파냐 항해가예요. 세계 일주에 최초로 성공한 항해의 지도자랍니다. 1519년에 스페인을 출발하여 남아메리카를 항해하면서 마젤란 해협을 발견하고 태평양을 횡단했어요. 필리핀에서 원주민에게 살해되었으나, 그의 부하가 항해를 계속하여 1522년 세계 일주를 완성하였답니다.

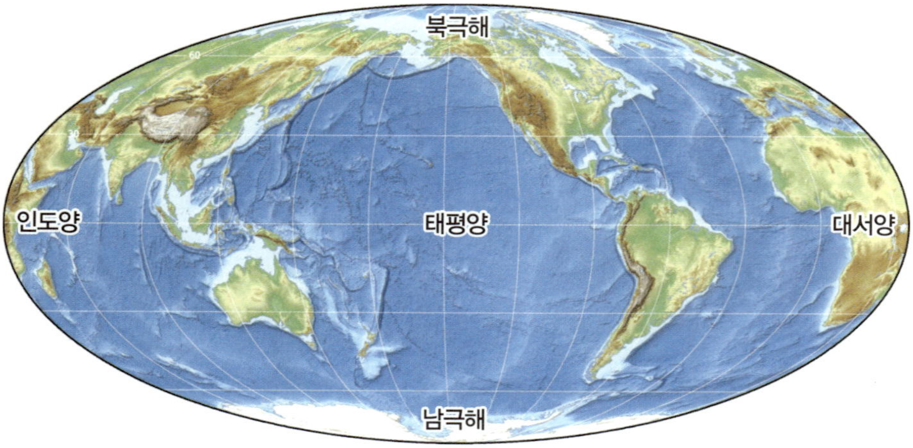

태평양, 인도양, 대서양, 북극해, 남극해를 통틀어 오대양이라고 한다.

라를 둘러싸고 있어서 인도양이 되었어요. 대서양은 아시아의 큰 나라인 중국의 서쪽에 있어서 붙여진 이름이에요. 그런데 대서양은 동양에서 부르는 의미와 서양에서 부르는 의미가 서로 다르답니다. 동양에서 대서양(大西洋)은 '중국의 서쪽'이라는 뜻이지만, 서양에서는 그리스 신화에 나오는 신의 이름을 따서 '아틀라스의 바다(Sea of Atlas)'라고 불러요. 그리고 북극해와 남극해는 각각 북극과 남극에 있기 때문에 붙여진 이름이지요.

오대양 말고도 여러 지역에 바다가 있어요. 백해라는 바다는 아주 추운 러시아 근처의 바다입니다. 1년에 200일 이상이 얼음으로 뒤덮여 있지요. 이름이 '백해(白海)', 즉 하얀 바다를 뜻해서 바닷물이 흰색이라고 생각할 수도 있지만 이 이름은 물 색깔 때문에 지어진 이름이 아니랍니다. 물 위에 얼음이 하얗게 내려앉아서 지어진 이름이에요.

백해와 반대인 바다 이름으로는 흑해가 있어요. 흑해는 유럽 남동부와 아시아 사이에 막혀 있는 바다예요. 이렇게 막혀 있는 바다를 내해(內海)라고 합니다. 내해는 물이 활발하게 섞이며 움직이는 다른 바다에 비해 산소가 적어서 상대적으로 물이 검푸르게 보여요. 검푸른 바닷물 색 때문에 흑해라고 부르게 되었지요.

바닷물이 빨갛게 보여서 홍해라고 불리는 바다도 있습니다. 홍해의 바닷물이 빨간 이유는 적조 때문이에요. 적조란 플랑크톤이 갑자기 많은 수로 번식해서 바다나 강, 호수 등의 색깔이 바뀌는 현상을 말해요. 붉은색 플랑크톤이 많아져서 물이 붉게 보이지요. 하지만 홍해가 늘 붉게 보이는 것은 아니랍니다. 실제로는 플랑크톤의 색소에 따라서 바닷물 색이 다르게 보이기도 해요. 녹조도 플랑크톤이 번식해서 생기는 현상이지만, 녹색 플랑크톤이 번식했기 때문에 바닷물이 녹색으로 보입니다.

적조가 일어나는 요인 가운데 하나는 물에 유기양분이 너무 많아서예요. 유기양분이 많아지면 유기양분을 먹고 자라는 플랑크톤의 수가 폭발적으로 늘어나요. 집을 잘 치우지 않고 과자 부스러기 등을 그대로 내버려 두면 개미나 바퀴벌레가 많아지는 현상과 비슷하지요. 우리가 무심코 버리는 생활 하수에는 유기양분이 많이 들어 있어요. 따라서 우리가 바다를 더럽히면 적조 현상은 더욱 잘 일어

갑자기 바다의 온도가 올라가거나 오염이 되면 플랑크톤이 증가하여 적조 현상이 일어날 수 있다.

플랑크톤

물속에서 물결에 따라 떠다니는 작은 생물을 통틀어 부르는 말이에요. 스스로 움직이지 못하고 물속을 떠다닌다고 하여 부유생물이라고도 해요. 규조 같은 식물 플랑크톤과 물벼룩 같은 동물 플랑크톤이 있어요. 주로 물고기의 먹이가 되지요.

유기양분

일반적으로 우리가 먹는 탄수화물, 단백질, 지방, 비타민 등의 영양분을 유기양분이라고 해요. 유기양분이 증가했다면 바다가 오염되었다는 얘기겠죠. 물로 흘러드는 유기양분은 생활 하수나 산업 폐수, 가축의 배설물 등에 들어 있어요.

예전에는 갯벌에 사는 생물들이 플랑크톤을 먹어 적조를 막아 주었다.
ⓒ letsputphotographson theinternet@flickr.com

나게 된답니다.

예전에는 갯벌이 많아서 갯벌에 사는 생물이 플랑크톤을 먹어서 적조를 막아 주었지만, 요즘에는 갯벌을 개발하는 간척 사업 때문에 갯벌이 줄어들어 적조가 더욱 자주 나타납니다. 그리고 바람이 적게 불어 바닷물이 잘 섞이지 않을 때도 적조가 일어나요. 또 기온의 변화로 바닷물 온도가 올라가면 아주 작은 크기의 미생물이 살아가기에 좋은 환경이 되어 적조가 일어난다고 알려져 있습니다. 특히 최근에는 엘니뇨 같은 지구 환경 변화에 따라 수온이 올라가 적조가 더욱 자주 나타난답니다.

TIP 요건 몰랐지?

엘니뇨는 무엇일까요?

우리나라의 오른쪽에는 오대양 중에 하나인 태평양이 있어요. 태평양은 다시 또 좌우로 나누어 오른쪽을 동태평양, 왼쪽을 서태평양이라고 부릅니다. 우리나라는 서태평양의 왼쪽에 위치한 셈이지요.

태평양 동쪽에서 서쪽으로 불어오는 바람이 약해지면 바다 깊은 곳의 찬물이 위쪽으로 올라오지 못해요. 그렇게 되면 다른 바다에 비해 바닷물의 온도가 뜨거워져요. 이렇게 동풍이 약해져 수온이 올라가는 현상을 엘니뇨라고 합니다. 수온이 높아지면 플랑크톤의 번식이 늘어나서 바닷속 산소량이 감소해요. 그래서 엘니뇨가 일어나면 물고기가 집단으로 죽는 현상이 나타나지요. 이뿐만 아니라 엘니뇨 때문에 중남미 지역에는 폭우나 홍수 등의 기상이변이 일어나기도 한답니다.

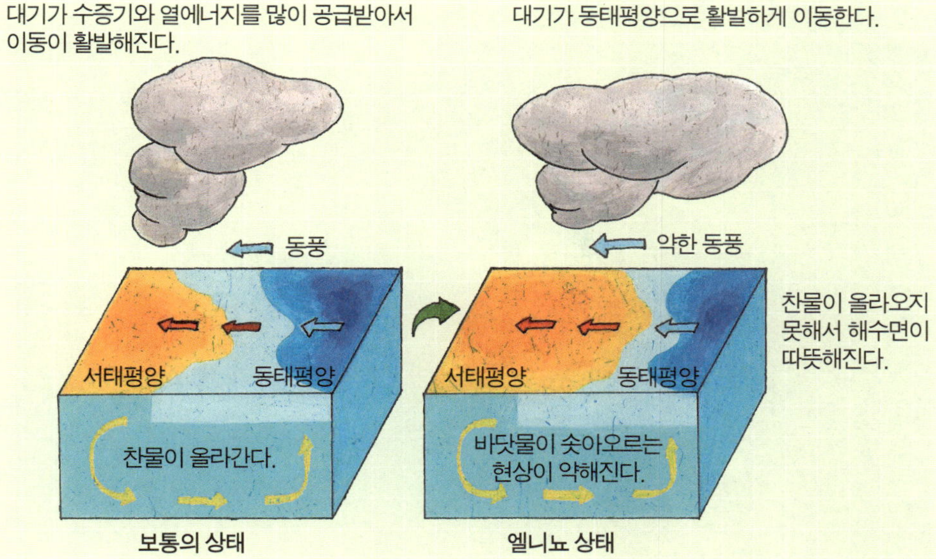
대기가 수증기와 열에너지를 많이 공급받아서 이동이 활발해진다.
동풍
서태평양
동태평양
찬물이 올라간다.
보통의 상태
대기가 동태평양으로 활발하게 이동한다.
약한 동풍
서태평양
동태평양
찬물이 올라오지 못해서 해수면이 따뜻해진다.
바닷물이 솟아오르는 현상이 약해진다.
엘니뇨 상태

바다는 얼마나 깊을까요?

여러분은 바다 깊은 곳에 가 본 적이 있나요? 요즘은 스쿠버 다이빙을 통해서 바닷속의 아름다운 모습을 눈으로 직접 볼 수 있지요. 하지만 스쿠버 다이빙으로 볼 수 있는 바다는 해구에 비하면 깊다고 할 수 없어요. 해구는 바다 밑바닥에 있는 좁고 길게 움푹 들어간 곳이라서 스쿠버 다이빙 장비를 착용한다고 해도 내려가서 볼 수 없답니다. 바다에는 수압이라는 큰 힘이 작용하기 때문이지요. 수압 때문에 조금만 깊은 바닷속으로 내려가도 귀가 먹먹해져서 견디기 어렵답니다.

스쿠버 다이빙을 하면 바닷속을 눈으로 직접 볼 수 있다. © Anders Finn@flickr.com

수압은 물속에 있을 때 물이 미는 힘을 말해요. 목욕탕 안에 오래 있으면 답답한 기분이 들지요? 그 이유는 물이 몸을 밀고 있기 때문이에요. 또 귀가 먹먹한 이유는 몸에 가해지는 압력을 귀에서 느끼기 때문이랍니다. 만약에 아주 깊은 바닷속으로 들어가면 어떻게 될까요? 압력을 느끼는 귀가 고장이 날 수도 있어요. 그뿐만 아니라 너무 깊은 곳에 가면 산소통을 메고 간다 해도 높은 수압 때문에 혈액 순환이 제대로 되지 않아서 생명이 위험해질 수도 있습니다.

바다는 얼마나 깊을까요? 예전부터 사람들은 바다의 깊이를 알고 싶어 했어요. 그래야만 정확한 위치를 파악해서 물고기도 많이 잡을 수 있고, 바닷속 암초나 빙하와 같이 보이지 않는 위험 물체를 피해 갈 수 있으니까요.

옛날에는 배에서 추를 매단 끈을 내려 그 끈의 길이로 물의 깊이를 측정하려 했다.

하지만 옛날에는 바다의 깊이를 제대로 측정할 만한 도구가 없었습니다. 그렇다고 직접 들어가 볼 수도 없었지요. 그래서 배에서 추를 매단 끈을 내려 그 끈의 길이로 물의 깊이를 추정했어요. 하지만 물은 계속 흐르기 때문에 정확한 깊이를 알 수 없었습니다. 게다가 바닷속의 다양한 생명체가 이동하면서 줄을 건드릴 수 있으므로 정확도는 더 떨어졌지요. 그래서 사람이 타지 않은 무인 잠수정을 바다 밑으로 보내 보았지만, 아주 깊은 바다로 내려간 잠수정은 높은 압력 때문에 고장이 나 버렸습니다.

무인 잠수정으로 바다 깊이를 알아내지 못하자 그다음에는 초음파를 이용했어요. 초음파란 사람이 들을 수 없는 소리를 말합니다. 초음파를 보내 어떤 물체에 닿아 반사되어 돌아오면, 돌아온 음파를 분석하여 닿은 물체를 분석할 수 있지요. 바다의 깊이를 측정할 때도 이러한 원리를 이용해요.

배에서 초음파를 쏘고 돌아오는 데 걸리는 시간을 재어 바다의 깊이를 측정한답니다.

당시 사람들은 이 방법이 개발되고 나서 바다의 깊이를 정확하게 측정할 수 있다고 매우 기뻐했어요. 초음파 측정은 바다의 깊이뿐만 아니라 바닷속 지형도 알려주는 획기적인 방법이었거든요. 그런데 문제가 생겼습니다. 초음파가 바닷속에 들어가 바닥에 반사된 후 바로 돌아 나와야 시간을 재어 깊이를 알 수 있는데, 아주 깊은 바다에 들어가면 여러 방향으로 반사되어 정확한 깊이를 측정할 수 없었어요. 또 배가 조금만 흔들려도 문제가 생겼어요. 배가 흔들려서 기울면 바다에서 반사파가 되돌아올 때 다른 방향으로 갈 수 있었어요.

심해를 관측할 수 있는 무인 잠수정 '해미래'(한국해양연구원 제공).

그 이후 과학이 발달하여 심해 관측선이 개발되면서 세계에서 가장 깊은 마리아나 해구까지 관측이 가능해졌습니다. 우리나라도 2006년도에 6,000m까지 들어가 관측할 수 있는 심해 무인 잠수정 '해미래' 개발에 성공했어요. 해미래는 우리나라 해저 지형을 파악하고 바닷속 광물과 생물을 탐사하는 데 중요한 역할을 했습니다. 로봇 팔과 각종 측정 장비, 수중 카메라 및 조명 장치 등이 달려 있고 여섯 개의 전동 프로펠러를 통해 앞뒤 좌우 상하로 운행할 수 있어요. 또 아주 작은 오차 범위에서 목표물이 어디에 있는지 확인할 수 있는 위치 추적 장치도 달려 있어요. 해미래는 이러한 기능으로 태평양의 깊은 바다 밑을 비롯한 전 세계 해양의 95%를 탐사할 수 있답니다. 울릉도 앞바다에서 2,050m까지 내려가 동판으로 만든 태극기를 설치하기도 했고, 필리핀 바다에서 5,775m까지 내려가 깊은 바다 사진을 찍어 오기도 했어요. 해미래 덕분에 우리나라는 바닷속에서 더 많은 자원을 얻을 수 있게 되었답니다.

그렇다면 바닷속에는 어떤 자원이 있을까요? 바닷속 자원은 생물 자원, 화학적 자원, 화석 자원 등으로 나누어 설명할 수 있어요. 생물 자원으로는 물고기와 조개류, 해조류와 플랑크톤 등이 있고, 화학적 자원으로는 소금이 있습니다. 화석 자원으로는 해저 유전이나 해저 탄광 등이 있지요. 그 외에도 파도의 힘에 의한 파력, 조수 간만의 차로 일어나는 조력, 바닷물의 흐름 등을 이용하여 전기를 얻을 수 있답니다. 이렇게 바다는 많은 에너지를 공급해 주기 때문에 우리에게 없어서는 안 될 소중한 존재예요.

TIP 요건 몰랐지?

바다의 역할

바다는 우리에게 많은 자원과 먹을거리를 제공합니다. 그뿐만 아니라 비행기를 발명하기 전에는 각 나라를 연결하는 역할도 했어요. 만약 바다가 길 역할을 하지 못했다면 신대륙도 발견하기 어려웠을 테고, 지금과 같은 세계화가 이루어지기도 어려웠을 거예요.

바다는 지구의 열을 식혀 주는 역할도 합니다. 지구의 자전축은 똑바로 서 있지 않고, 지구가 태양을 도는 길을 기준으로 23.5° 기울어져 있어요. 계절 변화가 생기는 이유가 이 때문이랍니다. 하지만 적도 가까이에 있는 나라는 계절이 변하지 않고 1년 내내 여름이에요. 태양열을 너무 많이 받기 때문이지요. 반대로 북극이나 남극과 같은 극지방은 1년 내내 겨울입니다. 만약 바다가 흐르지 않는다면 적도 지방의 남는 열은 극지방으로 옮겨 가지 못한답니다. 그렇게 되면 적도 지방은 계속 열을 받아 점점 더 더워지고, 열을 받지 못하는 극지방은 상당히 추워질 거예요. 이처럼 바다는 우리에게 자원을 공급해 주고, 이동할 수 있는 길이 되어 주며, 지구 전체의 기온과 기후를 조절해 주기 때문에 없어서는 안 될 존재이지요.

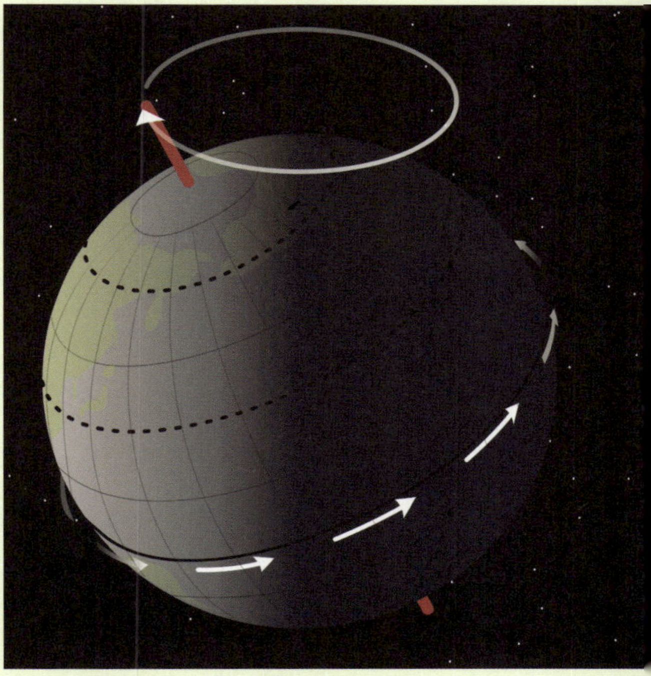
지구의 자전축은 지구가 태양을 도는 길에 대해 23.5° 기울어져 있다.

바닷속 지형

해수욕장에서 수영을 하다가 멀리 가게 되었을 때 발이 닿지 않아 당황스러웠던 적이 있었나요? 바다는 조금씩 깊어지다가 마침내 우리가 상상할 수 없을 정도로 깊어집니다. 해수욕장의 백사장에서 조금씩 깊어지는 곳까지를 '대륙붕'이라고 해요. 대륙붕은 바다에서 가장 얕은 부분이지요. 대륙붕에서 제일 깊은 곳은 수심이 약 200m 정도예요. 내 발이 닿던 백사장이 200m까지 깊어진다니 정말 대단하지요?

대륙붕은 수심이 낮고 바닷물의 온도가 생물 성장에 알맞아서 식물성 플랑크톤과 다양한 바다 식물이 많이 살아요. 플랑크톤이 풍부하여 플랑크톤을 먹이로 하는 여러 종류의 어류와 작은 물고기를 먹는 산호도 많지요. 게다가 수심이 비교적 낮은 대륙붕에는 햇빛이 많이 들기 때문에 식물의 광합성이 잘 일어납니다. 광합성이 활발하게 일어나면 산소가 많아져 동물들

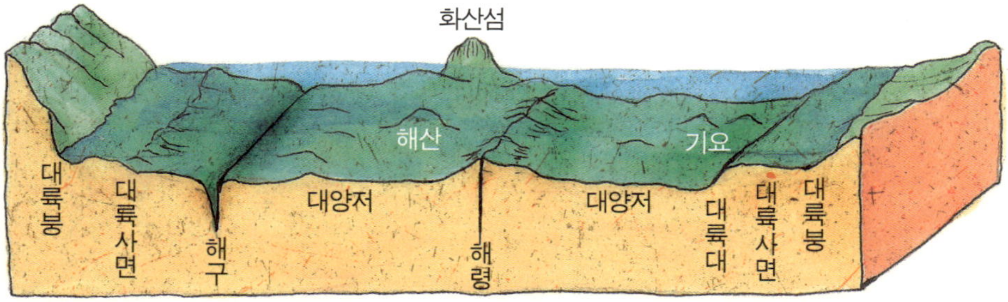

바닷속의 지형.

이 살기에 더없이 좋은 환경이 되지요.

대륙붕은 전체 바다 면적의 9% 정도를 차지해요. 바다 전체 면적에 비하면 차지하는 부분이 작지만 자원이 풍부하여 개발이 활발하게 이루어지고 있습니다. 대륙붕에 자원이 많은 이유는 원래 이곳이 육지였기 때문이에요. 빙하기에 얼어붙어 무거워진 육지가 바다 밑에 잠기어서 대륙붕이 되었지요. 육지였던 시기에 묻힌 다양한 생물체의 유해가 오랫동안 썩고 굳어서 현재 우리에게 유용한 해양 자원으로 변한 것입니다. 이러한 대륙붕은 육지 가까이에 접해 있기 때문에 육지의 지형이나 지질 구조와 밀접한 관계가 있답니다.

빙하기

지구 전체의 기온이 뚜렷하게 내려가서 빙하가 많아졌던 시기를 말해요. 지질학적 연구 결과 지구에 빙하기의 모습이 가장 두드러졌던 때는 약 7억 5,000만~5억 7,000만 년 전이라고 해요. 이때는 빙하가 적도 지방까지 내려와 전 세계가 빙하로 뒤덮였답니다. 마지막 빙하기는 약 1만 년 전에 끝났어요.

대륙붕에서 조금 더 깊숙이 들어가면 급한 경사가 나타나는데, 이곳을 '대륙사면'이라고 합니다. 갑자기 바다가 매우 깊어지는 곳이지요. 대륙사면은 대륙붕에서부터 2,500m까지 연결되어 있어요. 가끔 지진이 발생하

판

지구의 겉 부분을 둘러싸는 암석판을 말해요. 맨틀 위에 떠서 움직이는 땅의 조각을 뜻하지요. 두께는 100㎞ 내외예요. 현재의 지구는 크고 작은 10여 개의 판으로 이루어져 있답니다.

여 대륙붕의 퇴적물이 깊은 바다로 운반되어 쌓이는 곳이기도 하지요. 대륙사면이 깊어지는 경사 끝에는 바다의 깊은 골짜기인 해구가 나타나요. 해구는 바다에서 가장 깊은 곳이랍니다.

해구에 대해 배우기 전에 먼저 판의 구조를 이해해야 해요. 지구본을 보면 이리저리 굽어 있는 육지와 평평한 바다가 있습니다. 그런데 바다 밑은 평평하지 않아요. 바다 밑에도 지형이 있답니다. 육지와 바다 밑 땅은 여러 개로 나뉘어 있어요. 바다 밑 땅을 '해양판'이라고 하고, 우리가 살고 있는 땅은 '대륙판'이라고 하지요. 바다와 육지가 만나는 곳의 바닥은 서로 연결되어 있습니다. 해양판과 대륙판이 붙어 있다는 뜻이에요.

지구는 10여 개의 판으로 이루어져 있고, 이 판이 움직이는 곳에서 지각 변동이 일어난다.

하지만 대륙판과 해양판이 서로 나란하게 붙어 있지는 않아요. 바다 밑에 있는 해양판이 대륙판보다 더 무거워서 대륙판 아래로 내려가 붙어 있습니다. 그리고 위쪽에 있는 대륙판은 서서히 해양판을 밑으로 눌러요. 대륙판의 힘을 받아 해양판이 밀려 내려가는 곳에 생기는 골짜기가 바로 '해구'예요. 해구가 만들어진 곳은 두 판이 움직여서 지진이 자주 일어납니다. 지진이 생기면서 땅이 흔들리고 약해져 땅속 깊은 곳에 있던 마그마가 뿜어져 나오기도 해요. 그래서 해구 주변에는 화산섬들이 여럿 만들어지기도 하지요. 일본이 바로 이렇게 만들어졌답니다.

해구의 깊이는 대략 6,000~1만m 정도예요. 세계에서 가장 높은 에베레스트 산의 높이가 8,848m라고 하니, 육지의 높이보다 바닷속 깊이가 더 깊다고 할 수 있습니다. 그런데 바닷속에 이렇게 깊은 곳만 있는 것은 아니에요. 해구를 지나면 바닷속에도 넓고 평평한 운동장 같은 곳이 나온답니다. 이곳을 '심해저 평원'이라고 해요. 해저 지형 중에서 가장 넓은 면적을 차지하는 곳이지요. 태평양보다는 대서양이나 인도양, 멕시코 만 등에서 심해저 평원을 더 많이 볼 수 있어요. 이곳에서는 '해산'과 '기요'라는 지형도 관찰할 수 있습니다.

지금까지 바닷속 여러 지형에 대해 알아보았어요. 우리가 상상도 하기 어려운 깊은 곳에 다양한 지형이 있다니 한번 가 보고 싶지 않나요? 그런데 이렇게 깊은 곳까지 사람이 들어갈 수 있을까요? 수심이 1,000m가 넘으면 바닷속으로 빛이 전혀 들어오지 않아요. 빛이 없으면 식물의 광합성이 일어나지 않아서 산소량이 매우 적지요. 수압도 수면의 100배 이상이 되고 수온은 4°C 아래로 떨어진답니다. 빛이 없고, 산소가 부족하고, 수압이 높아서 지금의 기술로는 사람이 이렇게 깊은 바다에 들어갈 수 없어요.

TIP 요건 몰랐지?

육지가 바다로 변했어요

육지와 바다는 지구 내부의 맨틀이라는 물컹한 고체 위에 떠 있습니다. 묵이나 푸딩 같은 고체를 물컹한 고체라고 하지요. 맨틀은 물컹해서 위에서 센 힘으로 누르면 밑으로 쑥 내려가는 성질이 있어요. 대륙붕은 이러한 성질 때문에 생겨났습니다. 빙하기에는 육지 위에 얼음이 많이 생겨요. 계속해서 얼음이 쌓이면 육지는 매우 무거워지지요. 이 무게를 이기지 못하고 육지는 조금씩 가라앉게 돼요. 이러한 과정을 거쳐 지금의 대륙붕이 만들어졌답니다.

이 현상은 간단한 실험을 통해서도 알 수 있어요. 먼저 수조에 물을 받아 놓고 나무토막을 하나 띄우세요. 그리고 그 위에 나무토막을 하나씩 쌓아 올려 보세요. 어떻게 되지요? 나무토막이 점점 더 깊은 곳으로 가라앉을 거예요. 여기서 수조 속의 물은 맨틀에 해당하고, 나무토막은 육지와 대륙붕이라고 생각하면 육지가 가라앉아 대륙붕이 되는 과정을 이해할 수 있을 거예요.

TIP 요건 몰랐지?

해산과 기요

해산이란 심해저 평원에 존재하는 1,000m 이상 높이의 화산을 말합니다. 바닷속에 산이 있는 셈이지요. 해산의 기울기는 5~15°이고 봉우리는 수면 위로 나타나지 않아요.

해산 가운데 꼭대기가 평평한 것을 평정해산이라고 부릅니다. 기요라고도 해요. 해산 봉우리가 수면 위로 솟아오르거나 해수면 가까이 올라오면 오랜 시간 파도에 맞아 깎여 나가 평평하게 됩니다. 정상 부분이 평평해진 후 다시 수면 아래로 가라앉으면 평정해산이 되지요. 우리나라의 독도가 바로 평정해산입니다. 약 200m의 수심을 갖는 평정해산의 꼭대기 위에 화산섬인 독도가 아주 작은 부분을 차지하고 뾰족하게 솟아 있는 거예요.

독도는 평정해산 위에 솟은 화산섬이다.

Q&A 꼭 알고 넘어가자!

문제 1 바다가 어떻게 만들어졌는지에 대한 의견은 학자마다 달라서 무엇이 정확히 맞는지 알 수 없습니다. 일반적으로 사람들이 인정하는 의견은 무엇인가요?

문제 2 바다나 강, 호수 등의 색깔이 붉게 변하는 현상을 적조라고 합니다. 적조는 왜 일어나나요?

3. 배에서 끈을 내려 길이를 측정하는 방법으로는 정확한 깊이를 알 수 없습니다. 물은 멈추지 않고 흐르기 때문이지요. 게다가 바닷속의 다양한 생명체가 이동하면서 줄을 건드릴 수 있어서 정확도는 더 떨어집니다.

4. 대륙붕은 수심이 낮고 바닷물의 온도가 생물 성장에 알맞아서 식물성 플랑크톤과 다양한 바다 식물이 살고 있습니다. 플랑크톤이 풍부하여 플랑크톤을 먹이로 하는 여러 종류의 어류와 작은 물고기를 먹는 산호도 많지요. 수심이 비교적 낮은 대륙붕에는 햇빛이 많이 들기 때문에 식물의 광합성이 잘 일어나요. 광합성이 활발하게 일어나면 산소가 많아져 동물들이 살기에 더없이 좋은 환경이 된답니다.

문제 3 배에서 추를 매단 끈을 내려 그 끈의 길이로 물의 깊이를 재면 정확하지 않습니다. 그 이유는 무엇인가요?

문제 4 바닷속의 다른 곳과 다르게 생물이 대륙붕에 많이 사는 이유는 무엇인가요?

정답

1. 약 45억 년 전에 지구가 탄생했고, 그 이후 억수 같은 비가 내려 바다가 만들어졌다는 의견이에요. 원시 지구는 표면에 마그마가 끓었으나 시간이 지나 조금씩 식으면서 공기 속 수증기가 물방울로 변해 구름을 만들었고, 하늘을 뒤덮은 구름에서 비가 내리기 시작했어요. 비 때문에 땅 표면이 식으면서 더 많은 공기 속 수증기가 물방울로 바뀌어 많은 양의 비가 내려 바다가 만들어졌답니다.

2. 적조는 물속에서 플랑크톤이 갑자기 많은 수로 번식하여 일어나는 현상입니다. 붉은색 플랑크톤이 많아져서 물이 붉게 보이므로 적조라는 이름이 붙었지요. 적조가 일어나는 요인 가운데 하나는 물에 유기양분이 너무 많아서예요. 유기양분이 많아지면 유기양분을 먹고 자라는 플랑크톤의 수가 폭발적으로 늘어난답니다.

관련 교과

초등 6학년 1학기 4. 생태계와 환경
초등 6학년 2학기 3. 쾌적한 환경
중학교 2학년 6. 태양계
중학교 3학년 7. 태양계의 운동

2. 바닷물의 비밀

갯벌을 뛰어다니는 물고기가 있다면 믿을 수 있나요? 짱뚱어는 물고기이지만 신기하게 발이 달려 있어서 갯벌을 뛰어다녀요. 썰물 때는 갯벌을 살금살금 기어 다니면서 먹이를 먹고, 밀물 때는 굴을 파고 숨어서 지낸답니다. 만약 밀물과 썰물이 없었다면 짱뚱어 같은 신기한 물고기를 볼 기회가 없었을 거예요.

짠맛이 나요

여러분은 바다에서 수영해 본 적이 있나요? 수영을 하다가 바닷물을 먹게 되면 신기하게도 짠맛이 납니다. 바닷물은 왜 짠맛이 날까요?

우리나라에는 바닷물이 짠 이유에 관하여 입에서 입으로 전해 오는 동화가 있어요. 옛날에 한 임금이 신기한 맷돌을 가지고 있었어요. 그 맷돌을 돌리면서 원하는 것을 말하면 무엇이든 말한 대로 나왔지요. “금 나와라!” 하면 맷돌에서 금이 나오고, “소금 나와라!” 하면 맷돌에서 소금이 나왔습니다. 신기한 맷돌 이야기를 들은 한 도둑이 그 맷돌을 몹시 가지고 싶어 했어요. 그러던 어느 날, 도둑은 결국 임금의 맷돌을 훔치고 말았답니다. 도

둑은 훔친 맷돌을 배에 싣고 다른 나라로 도망가는 중에 맷돌을 시험해 보았어요. 그런데 그만 "금 나와라!"를 "소금 나와라!"라고 잘못 말했어요. 그러자 맷돌에서 소금이 끊임없이 나와 배가 가라앉아 버렸답니다. 아직도 바닷속 맷돌에서 소금이 계속 나오기 때문에 바닷물이 짜다고 해요.

옛날 사람들은 이 이야기처럼 바닷속에 소금이 나오는 맷돌이 있어서 바닷물이 짜다고 생각했습니다. 하지만 바닷물이 짠 진짜 이유는 바닷속에서 화산 활동이 일어날 때 나온 분출물이 바닷물에 녹아 있기 때문이에요. 또 기체나 암석의 여러 성분이 강물이나 지하수에 녹아 바다로 흘러들어 가 바닷물이 더 짜게 되었지요. 바닷물 속에 녹아 있는 성분 가운데 나트륨, 마그네슘, 칼슘, 칼륨은 육지에서 바다로 녹아들어 간 성분이고, 황과 염소는 지구가 만들어졌을 당시 해저 화산 활동에서 나오는 화산 가스에서 뿜어져 나온 성분입니다. 바닷속 산소는 공기에서 녹아들어 간 성분이지요.

그런데 이상한 점은 짠맛을 내는 성분은 육지에서 바다로 계속 녹아들어 가는데 바다는 더 짜지지 않는다는 거예요. 바다의 짠맛은 10억 년 전부터 지금까지 일정하게 유지되고 있습니다. 바다의 짠 정도가 일정한 이유는 소금이 정해진 분량 이상을 넘으면 계속 녹지 않고 가라앉아 퇴적암이 되거나 바다 생명체의 몸을 이루는 성분으로 없어지기 때문이에요.

바닷물은 짠맛만 날까요? 우리는 바닷물이 짜다고만 생각하지만 사실은 쓴맛도 난답니다. 쓴맛이 나는 이유도 바닷속에 녹아 있는 여러 가지 물질 때문이지요. 들어 있는 물질마다 맛이 다릅니다. 바닷물에서 짠맛을 내는 성분인 염화나트륨을 분리해

염화나트륨

나트륨과 염소의 화합물로 소금의 화학적 이름이에요. 하지만 정확하게 말하면 소금과 염화나트륨은 완전히 같은 뜻은 아닙니다. 소금의 주성분은 염화나트륨이지만 소금에는 다른 광물질도 들어 있어요. 소금마다 염화나트륨이 들어 있는 비율이 다르지요.

바닷물을 증발시키면 소금이 만들어진다. ⓒ Thejas@flickr.com

소금으로 쓰고, 쓴맛을 내는 성분인 염화마그네슘을 분리하여 두부를 단단하게 만드는 데 사용하고 있어요.

바다는 어느 곳이나 짠맛의 정도가 같을까요? 그렇지 않답니다. 짠맛의 정도는 지역마다 달라요. 바닷물의 짠 정도를 비교하기 위해 바닷물 1kg에 녹아 있는 염류의 총량을 계산한 값을 염분이라고 부릅니다. 바닷물의 양을 정해 놓지 않으면 서로 비교하기가 어렵기 때문에 1kg이라는 기준을 정했지요. 바닷물 1kg을 증발시켰을 때 남는 염류의 양이 염분이 된답니다. 염류의 단위는 ‰(퍼밀)이에요. 세계 바다의 평균 염분은 35‰ 정도이고, 우리나라 바다의 염분은 30‰ 정도

염류

바닷물에 녹아 있는 여러 가지 물질을 말해요. 염화나트륨, 염화마그네슘, 황산마그네슘, 황산칼슘, 황산칼륨, 탄산칼슘, 브로민화마그네슘 등이 있지요. 바닷물에 녹아 있는 염류의 구성 비율은 어느 바다에서나 같아요. 이를 ‘염분비 일정의 법칙’이라고 한답니다.

사해는 염분이 높아서 사람이 물 위에 뜬다. ⓒ Bob McCaffreyt@flickr.com

입니다. 우리나라 바다에서 수영을 할 때 바닷물을 마시면 다른 곳보다 조금 덜 짠 물을 먹게 되는 거예요.

사해(死海)에 대해 들어 본 적이 있나요? 사해는 이스라엘과 요르단 사이에 있는 호수입니다. 이곳은 물이 너무 짜서 생물이 살 수 없어요. 그래서 이름에도 죽음의 의미가 담겨 있지요. 이 호수는 최대 길이가 85㎞이고 최대 폭이 17㎞예요. 수면이 지중해보다 약 396m 낮고, 요르단 강을 비롯한 여러 강물이 흘러들어 옵니다. 그런데 지형적 조건 때문에 한번 들어온 강물은 호수 밖으로 나갈 수 없어요. 이곳이 지구에서 가장 움푹 파인 곳이기 때문이지요. 게다가 증발이 활발하게 일어나서 보통 바닷물보다 염분이 다섯 배나 높습니다. 염분이 높으면 사람이 물 위에 둥둥 떠서 책을 읽을 수도 있어요.

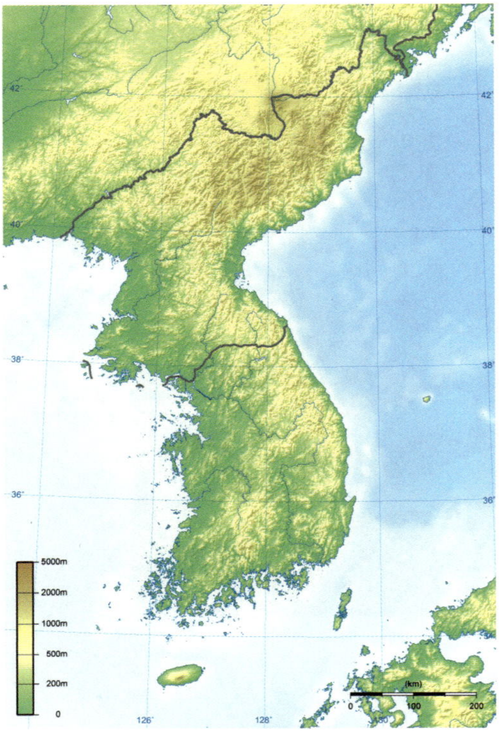

우리나라는 동쪽이 서쪽보다 높아 강물이 서쪽으로 흐르기 때문에 서해가 동해보다 염분이 낮다.
ⓒ Ksiom@the Wikimedia Commons

같은 곳에서도 계절에 따라 염분의 정도가 달라집니다. 햇빛이 강한 여름에 염분이 더 높다고 생각할 수 있지만 사실은 그렇지 않아요. 우리나라는 여름 장마철에 비가 많이 와서 오히려 염분이 낮아진답니다. 극지방의 바닷물도 빙하가 어는 겨울보다는 빙하가 녹는 여름에 염분이 더 낮지요. 그럼 우리나라의 동해와 서해 중에 어느 곳이 더 염분이 높을까요? 동해가 서해보다 염분이 더 높답니다. 우리나라는 동쪽에 산맥이 있어서 지형이 높고, 서쪽에는 평야 지대가 있어서 지형이 낮습니다. 그래서 강물이 서해로 흘러가요. 강물이 많이 흘러들어 가기 때문에 서해가 동해보다 염분이 낮지요. 또 육지와 가까운 바다보다는 먼 바다의 바닷물이 더 짜답니다.

TIP 요건 몰랐지?

바닷물 속에 오래 있으면 어떻게 될까요?

바닷물에 오래 들어가 있으면 우리 몸은 어떻게 될까요? 우리의 몸은 세포로 이루어져 있어요. 세포는 물처럼 작은 입자는 이동시킬 수 있지만, 소금처럼 큰 분자는 이동시킬 수 없답니다. 이러한 우리 몸이 바닷물에 오래 있으면 어떻게 되는지 실험으로 알아보아요.

큰 수조의 가운데를 세포막과 성질이 같은 막으로 막은 뒤에 한 쪽에는 소금물, 다른 한 쪽에는 물을 넣어 오랫동안 관찰해 보세요. 농도를 같게 하기 위해서 물이 소금물 쪽으로 조금씩 움직이는 모습을 관찰할 수 있을 거예요.

김치를 담그기 위해서 소금으로 배추를 절일 때도 이 실험과 같은 원리가 숨어 있습니다. 배추에 소금을 뿌려 놓으면, 배추에 있던 수분이 밖으로 빠져나가 커다랗던 배추의 부피가 줄어들지요. 이처럼 염분의 농도가 다른 물이 세포를 사이에 두고 있으면 염분이 낮은 쪽의 물이 염분이 높은 쪽으로 이동해요. 그래서 우리가 바닷물에 오래 들어가 있으면, 바다에 있는 소금물과 농도를 맞추려고 우리 몸에서 조금씩 물이 빠져나간답니다. 이러한 현상이 계속되면 위험해질 수 있으니 너무 오랫동안 바닷물에서 놀지 않도록 해요.

밀물과 썰물

인력

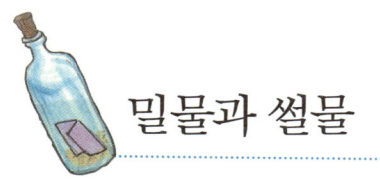

떨어져 있는 물체가 서로 끌어당기는 힘을 말해요. 자석을 쇠붙이에 가까이 댈 때 서로 당기는 힘이 바로 인력이지요. 인력은 질량을 가진 모든 물체 사이에서 작용한답니다. 자연에는 여러 종류의 인력이 있어요.

바닷물은 시간에 따라 해수면의 높이가 달라집니다. 밀물과 썰물이 생기기 때문이지요. 밀물은 육지로 물이 밀려 들어오는 현상이고 썰물은 바다 쪽으로 물이 밀려 나가는 현상이에요. 밀물과 썰물은 지구와 달의 인력 때문에 일어납니다. 달과 일직선에 놓인 곳은 인력 때문에 바닷물이 부풀어 올라 밀물이 생기고, 반대로 달과 십자가 방향에 있는 곳은 바닷물이 줄어들어 썰물이 생기지요.

밀물과 썰물 현상은 하루에 두 번씩 일어납니다. 그 이유는 달과 일직선에 놓인 지구의 반대편에서도 같은 현상이 일어나기 때문이지요. 밀물이 밀려와 해수면의 높이가 높아질 때를 만조, 썰물이 밀려가 해수면이 가장 낮아질 때를 간조라고 해요.

조석 주기

만조가 일어나고 또다시 만조가 시작될 때까지의 시간을 조석 주기라 부릅니다. 그러면 조석 주기는 몇 시간 정도일까요? 하루는 24시간인데 두 번씩 만조와 간조가 일어나니까 조석 주기는 12시간이라고 생각하기 쉬워요. 하지만, 12시간이 아니라 12시간 25분이 랍니다. 달이 지구 주위를 돌 때 지구도 스스로 돌고 있기 때문이지요. 친구와 마주 보고 있다가 친구는 가만히 있고 나 혼자 친구 주위를 한 바퀴 돌아 다시 마주 보게 될 때까지 걸리는 시간과 나와 친구가 같이 돌아 마주 보게 되는 시간을 재 보세요. 친구와 함께 돌았을 때가 시간이 조금 더 걸릴 거예요. 조석 주기도 같은 원리입니다. 지구에서 달을 볼 때 달이 어제와 같은 위치에 오게 되는 시간은 24시간에서 50분 늦어진 24시간 50분이 되어요. 조석 주기는 그 절반이기 때문에 12시간 25분이 된답니다.

달님, 나는 하루에 한 바퀴를 돌아요.
나도 돈답니다. 우리 24시간 50분 후에 다시 봐요!

밀물과 썰물의 활용

우리 주변에는 밀물과 썰물을 생활에 이용하는 경우가 많아요. 경기도 화성시 제부도에는 밀물 때 길이 없어졌다가 썰물 때 다시 생기는 곳이 있

밀물과 썰물은 지구와 달의 인력 때문에 일어난다. © puuikibeach@flickr.com

제부도 매바위는 썰물 때는 길이 열려 가까이 갈 수 있지만 밀물 때는 물이 차서 갈 수 없다.
© Hong Yun Seon(egg@flickr.com)

어요. 《성경》에 바다가 갈라지는 이야기를 떠올려 이곳을 '모세의 기적'이라고 부르기도 하지요. 이런 현상은 우리나라 다른 지역에서도 나타난답니다. 충청남도 보령시 무창포, 전라남도 여수시 사도, 전라북도 부안군 하섬 등에서 볼 수 있어요.

이순신 장군은 임진왜란 때 밀물과 썰물을 이용하여 왜적을 물리친 적이 있어요. 왜적이 공격한다는 사실을 미리 알고 썰물 때 바다 밑에 밧줄을 묶어 두었지요. 이 밧줄이 밀물 때 들어오는 왜적의 배를 뒤집어 크게 승리하였답니다. 이곳은 울돌목이라는 곳이에요. 울돌목은 전라남도 진도군에 있는 해협으로 바다가 좁고 밀물과 썰물의 차이가 많으며 물살이 빨라요. 2008년에는 울돌목의 이러한 특징을 이용하여 전력을 생산하는 울돌목 조류발전소가 생겼답니다.

사리와 조금

만조와 간조는 하루에 두 번 일어나고, 만조와 간조의 차이를 말하는 '사리'와 '조금'은 한 달에 두 번 일어나요. 사리란 만조와 간조의 차이가 가장 많이 날 때를 말하고, 조금은 만조와 간조의 차이가 가장 적게 날 때를 말합니다. 매달 음력 15일이 되면 달은 완전히 둥근 모습의 보름달이 되어요. 보름달은 태양과 지구가 일직선으로 있을 때 볼 수 있지요. 이렇게 보름달이 뜰 때처럼 태양, 지구, 달이 순서대로 한 줄로 있는 시기에는 만조의 높이가

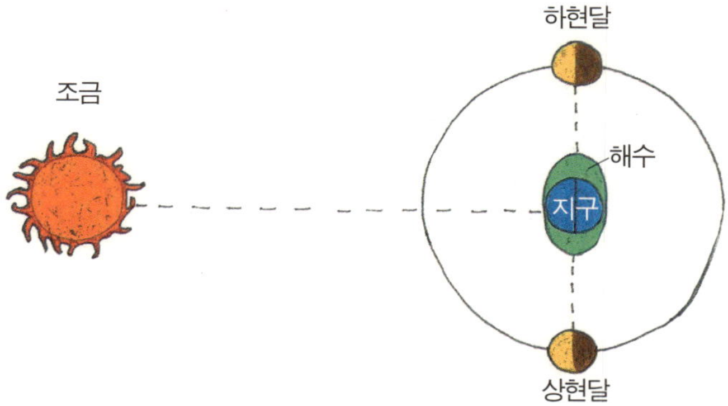

태양과 지구를 이은 선에 달이 수직으로 있을 때 만조의 높이가 낮아지고 간조의 높이가 높아지는 것을 '조금'이라고 한다.

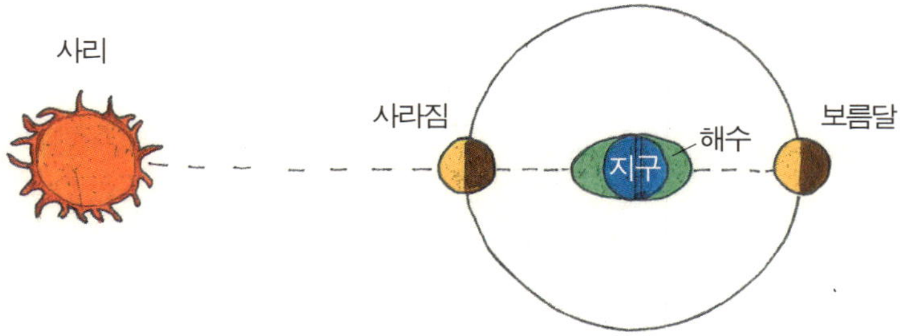

태양, 지구, 달이 한 줄로 있을 때 만조의 높이가 높아지고 간조의 높이가 낮아지는 것을 '사리'라고 한다.

평소보다 높아지고 간조의 높이는 낮아집니다. 이때를 '사리'라고 한답니다.

'조금'은 태양과 지구를 선으로 이어서 달이 지구와 수직이 되는 곳에 있을 때 일어나요. 이때는 만조의 높이가 다른 때에 비해 훨씬 낮고 간조의 높이가 높아 둘의 차이가 크지 않은 시기이지요. 매달 음력 8일과 22일경에 나타난답니다. 이런 현상은 태양도 지구를 당기지만, 지구에 가까이 있는 달도 지구를 잡아당기기 때문에 생겨요.

달도 태양처럼 지구를 잡아당기는구나.

TIP 요건 몰랐지?

시화호 조력발전소

조력발전의 원리는 간단해요. 바닷물이 가장 높이 올라왔을 때 물을 가두었다가 물이 빠지는 힘을 이용하여 발전기를 돌리지요. 수력발전과 비슷한 원리로 전력을 얻는 거예요. 하지만 차이점도 있습니다. 수력발전은 댐에 물을 가두어 높은 곳에서 물을 떨어뜨리기 때문에 물의 높낮이 차이가 수십 미터이지만 조력발전은 썰물과 밀물의 차이가 대부분 10m 이하예요.

우리나라의 시화호 조력발전소는 세계에서 가장 규모가 큽니다. 시화호 조력발전소는 연간 발전량이 553GWh(기가와트시)에 이르도록 만들어졌어요. 이 연간 발전량은 소양강 다목적 댐의 연간 발전량보다 1.6배가 많은 양이랍니다. 또 설치된 수차 열 개가 모두 가동되면 순간 254MW(메가와트)만큼의 전기를 만들 수 있어요. 현재 가동 중인 프랑스 랑스 조력발전소의 순간 발전량은 300MW, 캐나다의 아나폴리스 조력발전소는 20MW이에요.

프랑스 랑스 강 하구에 있는 조력발전소는 밀물 때 들어왔던 물을 가두어 썰물 때 떨어뜨리며 스물네 개의 수차를 돌려서 전기에너지로 바꾼다. © Dani 7C3@the Wikimedia Commons

우리나라 주변의 바다

동해·서해·남해의 특징

우리나라는 삼면이 바다로 둘러싸여 있습니다. 그중 서해와 남해는 수심이 200m를 넘지 않는 대륙붕으로 이루어져 있어요. 깊이가 얕고 해안선이 복잡해서 밀물과 썰물 현상도 뚜렷하게 일어나지요.

서해와 남해의 밀물과 썰물은 우리에게 매우 유용해요. 밀물로 들어온 바닷물을 썰물 때 나가지 못하도록 막은 다음에 햇볕에 증발시키면 소금을 얻을 수 있습니다. 이런 방법으로 소금을 얻는 곳을 '염전'이라고 불러요. 그리고 밀물과 썰물이 잘 일어나는 곳에 물이 밀려 나가 생기는 질퍽한 땅을 '갯벌'이라고 합니다. 갯벌에는 먹을거리와 볼거리가 아주 많답니다.

동해는 제일 깊은 곳이 4,000m 정도입니다. 서해와 남해에 비해서 매우 깊지요. 수심이 깊어서 염전을 만들 수도 없고, 갯벌을 보기도 힘들답니다. 하지만 찬물과 더운물이 만나는 곳이기 때문에 찬물에 사는 물고기도 있고 더운물에 사는 물고기도 있어요. 한마디로 '황금 어장'이라 할 수 있지요. 동해에는 어떻게 찬물과 더운물이 모두 흐를 수 있을까요?

■ 해류

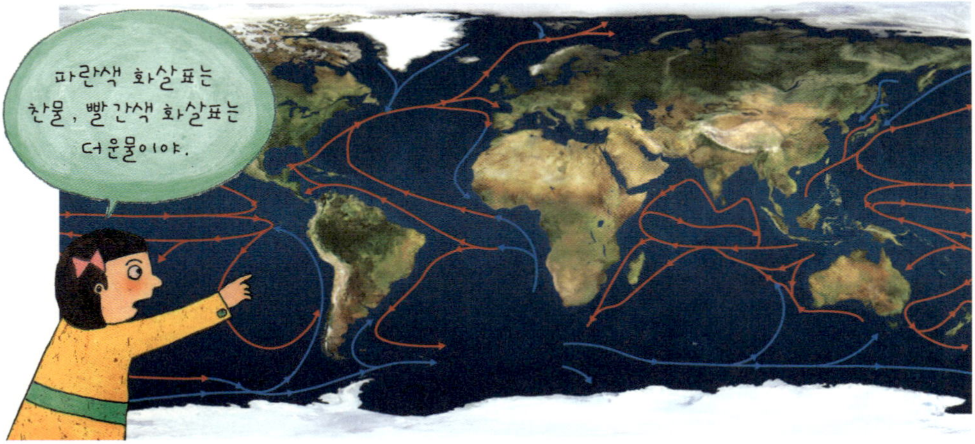
파란색 화살표는
찬물, 빨간색 화살표는
더운물이야.

바람 때문에 바닷물이 흘러요

바닷물의 흐름을 '해류'라고 해요. 지금 화장실로 가서 세면대에 물을 받아 놓고 입바람을 훅훅 불어 보세요. 물이 한 방향으로 흘러가는 모습을 볼 수 있을 거예요. 입바람으로 세면대 물이 흐르듯이 바닷물도 바람의 영향을 받아 흐른답니다. 햇볕이 너무 뜨거워져서 물이 이동할 때도 있지만 대부분은 바람 때문에 움직여요.

혹시 〈니모를 찾아서〉라는 영화를 보았나요? 이 영화에서 주인공 물고기 '니모'는 열대어 수집광인 치과 의사에게 납치됩니다. 니모 아빠 '말린'은 납치된 니모를 찾아 도시로 떠나지요. 말린은 해류를 이용해서 시드니로 가요. 이 해류가 오스트레일리아 동부 해류예요. 해류를 이용하면 흐르는 물을 타고 이동하기 때문에 조금 더 빠르게 움직일 수 있답니다.

지구의 가운데 적도 지방은 햇빛이 매우 강렬하게 쏟아집니다. 이 뜨거운 햇빛 때문에 더운 바람이 생겨나 위쪽으로 올라오지요. 바람이 올라오면 바닷물도 따라 흘러서 우리나라 제주도를 거쳐 동해로 올라옵니다. 이

바닷물은 어디까지 올라갈까요? 따뜻해진 바닷물은 지구 꼭대기 북극까지 올라갔다가 식어서 다시 내려온답니다. 북극에서 식은 찬물은 우리나라 동해를 거쳐 다시 지구 가운데 적도 지방까지 이동하지요. 그래서 동해에서는 위에서 내려온 찬물과 적도 지방에서 올라온 더운물이 만날 수 있답니다. 이때 동해로 내려오는 찬물은 '북한해류'라고 하고, 적도 지방에서 올라온 더운물은 '동한해류'라고 불러요.

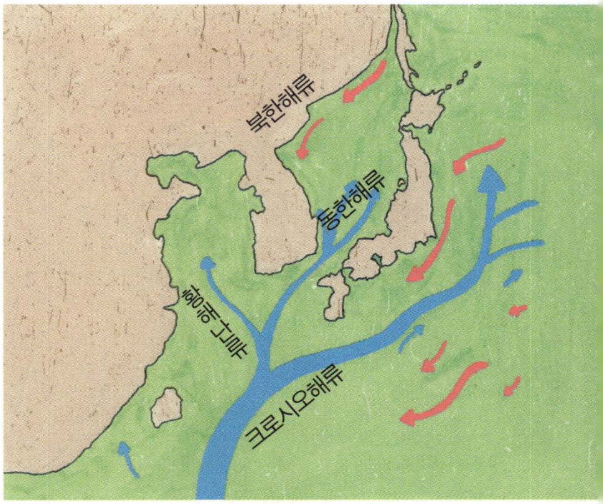

찬물과 더운물이 만나는 지역은 '조경 수역'이라고 합니다. 찬물과 더운물이 만날 때 아래쪽으로 이동하는 찬물은 산소량이 많아서 플랑크톤이 풍부해요. 산소와 플랑크톤의 움직임이 활발해 영양이 풍부하니 자연스럽게 물고기가 많이 모이지요. 대구, 명태, 청어 등 찬물에 사는 물고기와 오징어, 꽁치, 멸치, 정어리, 고등어 등 더운물에 사는 물고기가 모두 잡힌답니다. 그래서 이곳을 황금 어장이라고 해요.

해류도 측정할 수 있어요

해류는 어떻게 찾을까요? 1900년대 이후에 해류를 찾기 위해서 널리 사용한 방법은 바로 '해류병'을 활용하는 방법이었습니다. 빈 유리병 안에 측정 기관과 주소, 이름이 적힌 카드를 넣고 바닷물에 띄워 보냈지요. 바람의 영향을 줄이기 위해 병 안에 마른 모래를 넣어 병이 똑바로 선 채 윗부분만 물 위로 올라오도록 만들었어요. 해류병은 해류를 따라 이동했습니다. 그러다 누군가 해류병을 주우면 주운 장소와 일시를 기록하여 알려 주었지요. 그러면 그 내용을 정리하여 해류를 예측하였답니다.

아, 해류병이다.
우리가 시간과 장소를
적어서 보내 줄까?

이 방법으로는 대략적인 물의 흐름을 추측할 수 있었지만, 정확한 물의 속력은 알기 어려웠습니다. 그래서 발명한 것이 바로 에크만·메르츠 유속계예요. 유속계란 말이 생소하지요? 유속계란 액체나 기체의 속도를 재는 기계를 말해요. 강물이나 바닷물 등의 속도를 잴 수 있고, 비행기나 배의 속도계로도 쓸 수 있답니다. 해류를 측정하는 유속계에는 에크만과 메르츠라는 사람의 이름이 붙었어요. 에크만이 생각해 내고 메르츠가 좋게 고쳤기 때문에 그들의 이름을 붙였답니다. 에크만·메르츠 유속계가 발명되어서 이제는 해류병보다 좀 더 과학적인 방법으로 해류를 측정하게 되었습니다. 이 유속계는 원하는 수심까지 내려 보낼 수 있어요. 또 작동 핀을 열어 프로펠러가 돌아갈 수 있도록 하거나 프로펠러의 회전을 멈추게 할 수도 있습니다. 이 프로펠러의 회전수로 물의 속력을 알 수 있지요. 이처럼 해류를 추측하는 방법이 점점 더 발전하고 있어요. 나중에는 지금보다 더 정확히 해류를 측정할 수 있는 기계도 발명되겠지요?

이제는 유속계를
이용해서 조금 더
정확하게 해류를
측정할 수 있다고.

TIP 요건 몰랐지?

물의 밀도에 의한 해류

물은 온도 변화에 영향을 받아 흐르기도 해요. 물은 온도가 낮으면 아래로, 온도가 높으면 위로 가려는 성질이 있어요. 이 점은 공기의 성질과 같답니다.

수조 가운데 칸을 막고 한 쪽에는 더운물, 다른 한 쪽에는 찬물을 넣고 관찰해 보세요. 이때 물의 이동을 쉽게 관찰하기 위해서는 더운물과 찬물에 각기 다른 색의 물감을 섞어야 합니다. 물감이 잘 풀어졌으면 천천히 칸막이를 들어 보세요. 찬물이 더운물 아래로 파고 들어가는 모습을 볼 수 있을 거예요. 반대로 물의 표면에서는 더운물이 찬물 쪽으로 조금씩 이동하지요. 바로 이런 원리로 온도 변화에 따라서 해류가 생긴답니다.

TIP 요건 몰랐지?

배타적 경제수역

'배타적 경제수역'이란 유엔(UN) 해양법에 따라서 한 나라의 경제적인 주권이 미치는 바다를 말합니다. 바다가 닿아 있는 땅에서부터 약 370㎞ 안의 모든 자원을 그 나라 것이라고 인정하지요. 어업 자원 및 광물 자원 탐사와 개발에 관한 권리가 있으며, 자원을 관리하고 환경을 보호할 의무가 있답니다.

경상북도 울릉군에 있는독도.
ⓒ Courtney Bolton@flickr.com

독도는 울릉도에서 92㎞ 떨어져 있습니다. 만약에 일본이 독도를 자기 땅이라고 우기며 빼앗아 간다면, 우리의 황금 어장인 동해의 일부분을 잃을 수도 있어요. 독도가 어느 나라 땅이냐에 따라서 경제적 주권을 포함한 모든 주권이 미치는 영해가 달라지기 때문이에요. 또 지금은 독도가 배타적 경제수역의 기준이 아니지만 앞으로 어떻게 변하게 될지는 알 수 없지요. 독도가 배타적 경제수역의 기준이 된다면 자원을 개발할 곳이 넓어진다는 점에서 독도는 더욱 큰 의미를 지니게 될 거예요.

일본은 동해의 많은 자원을 얻으려고 독도를 자기 땅이라고 우기는지도 모르겠어요. 많은 자원을 생각해서라도 독도를 꼭 지켜야겠지요?

Q&A 꼭 알고 넘어가자!

문제 1 바다에서 수영을 하다가 바닷물을 마시면 짠맛이 납니다. 바닷물은 왜 짤까요?

문제 2 우리나라는 계절과 지역에 따라 주변 바닷물의 염분이 어떻게 달라지나요?

3. 밀물과 썰물은 지구와 달의 인력 때문에 일어납니다. 달과 일직선에 놓인 곳은 인력 때문에 바닷물이 부풀어 올라 밀물이 생기고, 반대로 달과 십자가 방향에 있는 곳은 바닷물이 줄어들어 썰물이 생기지요.

4. 동해에서는 북극 쪽에서 내려온 찬물과 적도 지방에서 올라온 더운물이 만납니다. 찬물과 더운물이 만날 때 아래쪽으로 이동하는 찬물에는 산소량이 많아서 플랑크톤이 풍부해요. 그래서 자연스럽게 물고기가 많이 모이지요. 또 찬물과 더운물이 만나므로 대구, 명태, 청어 등 찬물에 사는 물고기와 오징어, 꽁치, 멸치, 정어리, 고등어 등 더운물에 사는 물고기가 모두 잡힌답니다.

문제 3 밀물과 썰물은 왜 일어날까요?

문제 4 우리나라 동해가 서해보다 더 많은 종류의 물고기가 잡히는 이유는 무엇인가요?

정답

1. 바닷물이 짠 이유는 바닷속에서 화산 활동이 일어날 때 나온 분출물이 바닷물에 녹아 있기 때문입니다. 또 기체나 암석의 여러 성분이 강물이나 지하수에 녹아 바다로 흘러 들어가 바닷물이 더 짜지요.

2. 우리나라는 여름 장마철에 비가 많이 오기 때문에 다른 계절보다 여름에 염분이 낮아요. 지역에 따라 살펴보면 동해가 서해보다 염분이 더 높답니다. 우리나라는 동쪽에 산맥이 있어서 지형이 높고 서쪽에는 평야지대가 있어 지형이 낮으므로 강물이 서해로 흘러가요. 강물이 많이 흘러 들어가기 때문에 서해가 동해보다 염분이 낮지요.

관련 교과

초등 5학년 2학기 1. 환경과 생물
초등 6학년 1학기 4. 생태계와 환경
초등 6학년 2학기 3. 쾌적한 환경

3. 바닷속 탐험

사람들은 바닷속 탐험을 좋아합니다. 우리가 여름에 자주 놀러 가는 얕은 바다에는 예쁜 물고기들과 많은 식물이 살고 있어요. 깊이 내려갈수록 종류는 더 다양해지지요. 그런데 요즘에는 바다가 오염되어서 멸종하는 생물이 많아지고 있어요.

바다 생물 이야기

대부분의 과학자는 약 30억 년 전부터 바다에 생명체가 살기 시작했다고 생각합니다. 그때부터 바다 생물은 육지 생물처럼 조금씩 진화하였지요. 그 결과 지금 알려진 바다 생물은 약 100만 종이 넘는답니다. 하지만 아직도 발견되지 않은 바다 생물이 약 900만 종에 이른다고 해요. 바닷속 생명체가 얼마나 많은지 상상이 가나요?

바닷속에는 모양과 크기, 색깔이 다양한 동물이 여러 환경에 적응하며 살고 있습니다. 바닷속에서 가장 큰 동물은 무엇일까요? 바로 흰긴수염고래랍니다. 바다 생물뿐만 아니라 모든 동물 중에서 가장 크지요. 몸길이는 20~30m이며, 몸무게는 125t 정도예요. 또 심장은 자동차만큼 크답니다. 흰긴수염고래가 물을 뿜으면 물줄기가 10m 가까이 날아간다고 하니 정말 대단하지요?

바다에는 밤처럼 까맣고 얼음처럼 차가운 아주 깊은 곳이 있어요. 바다 수면에서부터 약 2㎞ 정도 아래에 있는 곳이지요. 이곳은 빛도 잘 들어오지 않고 수압도 굉장히 높습니다. 산소도 매우 부족하고요. 바닷물은 아주 차갑지만 이와 반대로 엄청 뜨거운 물이 나오는 열수 분출공이라는 곳도 있어요. 이 뜨거운 물이 나오는 구멍 근처가 바닷속에서 가장 살기 어려운 곳이랍니다.

그런데 이렇게 힘든 환경에서도 생물은 살고 있습니다. 어떤 생물이냐고요? 바로 '새날개갯지렁이'라는 생물이에요. 새날개갯지렁이는 얕은 바다의 모래 진흙 바닥에서도 살지만 깊은 바다의 바위 바닥에서도 살아요. 바닥에 U 자와 비슷한 대롱 모양의 집을 짓고 그 속에서 지내지요. 이렇게 우리가 상상하기조차 어려운 깊은 바닷속에서도 생명체는 살고 있답니다.

미국 자연사 박물관에 전시된 실제 크기 모형의 흰긴수염고래. © Breakyunit@the Wikimedia Commons

TIP 요건 몰랐지?

열수 분출공

열수 분출공은 육지와 바다 밑에서 뜨거운 물이 솟아 나오는 구멍이에요. 굴뚝처럼 생긴 곳에서 뜨거운 물과 검은 연기가 뿜어져 나옵니다. 열수 분출공에서 나오는 물의 온도는 350~400℃에 이르러요. 깊은 바닷속에 있는 온천이라고 생각하면 이해하기 쉬울 거예요.

열수 분출공에서 나오는 뜨거운 물에는 여러 성분이 녹아 있습니다. 이 뜨거운 물이 아주 차가운 주변 바닷물과 만나 식으면 물속에 녹아 있던 금, 은, 구리, 아연, 납 등의 성분이 구멍 주변에 쌓여서 굴뚝 같은 모양이 생겨요.

과학자들은 이곳을 지구 진화와 생명의 신비를 푸는 열쇠로 생각하여 활발히 연구하고 있습니다. 이뿐만 아니라 열수 분출공은 바닷물 높이가 높아지는 현상을 연구하는 데에도 매우 중요한 곳으로 여겨지고 있답니다.

열수 분출공. © Mila Zinkova@the Wikimedia Commons

TIP 요건 몰랐지?

신기한 생물, 크리스마스 트리웜

바닷속에는 아직 우리에게 낯선 신기한 바다 생물들이 많이 살고 있습니다. 몸에 담요를 두른 듯한 '담요 문어'도 살고, 스스로 빛을 내는 '초롱아귀'도 살지요. 또 아름다운 색으로 치장한 화려한 생물도 산답니다. 바로 크리스마스 트리웜이에요.

크리스마스 트리웜은 색이 무척 고와서 이름처럼 크리스마스 트리를 떠올리게 하는 생물입니다. 정말로 바닷속의 크리스마스 트리라고도 불러요. 겉보기에는 마치 산호처럼 아름답게 생겼지만 사실은 꽃갯지렁이과에 속하는 동물이랍니다. 몹시 예민해서 가까이 다가가면 쏙 숨어 버리지요. 다시 활짝 핀 모습을 보려면 숨을 죽이고 가만히 기다려야 해요. 만약 여러분이 스쿠버 다이빙을 한다면 크리스마스 트리웜을 직접 볼 수도 있답니다.

크리스마스 트리웜. ⓒ Nhobgood Nick Hobgood@the Wikimedia Commons

바닷속 사막화

해마다 여름이 가까워지면 뉴스에 빠지지 않고 나오는 말이 있습니다. 바로 '적조 현상'이에요. 적조란 바닷물의 온도가 높아져서 바닷속 플랑크톤이 너무 많아지는 현상이에요. 플랑크톤이 산소를 많이 사용하기 때문에 다른 생물들은 산소가 부족해 떼를 지어 죽게 되지요.

그런데 요즘 바다에서는 붉은색 플랑크톤이 떠다니는 적조 현상보다 더욱 심각한 일이 벌어지고 있습니다. 바닷속이 하얗게 변하는 '백화현상'이

산호를 감싸고 있던 조류가 사라져 하얗게 죽어 버린 산호. ⓒ prilfish@flickr.com

일어나고 있어요. 바닷속이 마치 하얀 꽃이 핀 모습과 비슷하게 된다 하여 하얀 꽃이란 뜻의 '백화'라는 이름이 붙여졌답니다. 백화는 바다가 사막화되는 현상이에요. 현재 우리나라도 제주도와 동해안을 중심으로 백화현상이 점점 퍼져 나가고 있습니다. 바다가 사막화되는 이유는 무엇일까요?

바다도 육지와 마찬가지로 생태계가 존재합니다. 바닷속 식물이 광합성을 하여 산소를 만들면 물고기는 그 산소로 호흡하며 살아가지요. 물고기는 바닷속 식물 없이는 살 수 없습니다. 바닷속 식물이 없다면 산소를 얻지 못할 뿐만 아니라 번식도 할 수 없기 때문이에요. 물고기는 알을 낳아 해조 사이에 붙여 놓는 경우가 많아요. 알을 깨고 나온 어린 물고기는 천적을 피해 해조 사이에 숨어서 지내지요. 이렇게 자란 어린 물고기가 때가 되면 다

해조

바다에서 나는 조류를 통틀어 이르는 말이에요. 조류는 꽃을 피우지 않는 식물로 뿌리, 줄기, 잎이 구별되지 않고 포자로 번식을 하지요. 해조는 서식하는 바다의 깊이와 빛깔에 따라 녹조류, 갈조류, 홍조류로 나뉘어요.

시 해조에 알을 낳는답니다. 그렇기 때문에 바닷속의 식물이 사라지면 물고기도 죽게 돼요.

육지의 사막은 키가 큰 나무들이 사라진 뒤, 풀로 덮인 초원이 조금씩 마르면서 생겨나요. 바닷속 사막도 이와 비슷하게 생겨납니다. 먼저 큰 해조류들이 사라지고 잡초 같은 석회조류로 덮이면서 사막화가 되어요. 해조류가 사라지면 전복이나 소라, 성게 등 해조류를 주로 먹었던 동물들이 먹이가 부족해져 결국 죽게 되지요. 이렇게 연이어 균형이 깨지면서 바닷속 생태계는 점점 파괴되어 간답니다.

해조류가 사라지는 원인은 아직 정확하게 밝혀지지 않았어요. 바닷물 온도가 올라가고, 생활 하수로 더럽혀진 강물이 바다로 흘러 들어가기 때문이라고 추측만 하고 있지요. 바닷물 온도가 올라가면 해조류가 살기 힘든 환경이 만들어지고, 미생물이 늘어나서 적조 현상이 나타납니다.

바다는 지금 이 순간에도 조금씩 사막화가 진행되고 있어요. 지금부터 예방하지 않는다면 사막화가 계속 진행되어 훗날에는 바닷속 생태계가 완전히 파괴될지도 모릅니다. 그런 일을 막기 위하여 우리 모두 환경을 지켜 나가도록 해요.

TIP 요건 몰랐지?

바다를 오염시킨 유조선

석유를 옮기는 배를 유조선이라고 해요. 이 유조선이 어딘가에 부딪혀서 구멍이 생기면 기름이 바다 위를 둥둥 떠다니게 됩니다. 떠다니는 기름을 걷어 내려면 먼저 기름막이를 쳐서 기름이 더 이상 흘러가지 못하도록 해야 해요. 그다음에 흡착포로 기름을 거두어야 하지요. 흡착포는 기름과 같은 것을 빨아들이는 데 쓰는 천이에요. 흡착포로 기름을 없애면 눈에 보이는 기름은 대부분 사라지지만 사실 바닷속 기름이 완전히 사라진 것은 아니랍니다.

유조선에서 흘러나온 기름에 유화제를 뿌리면 기름이 분해되어 바닷속으로 들어가 생태계를 파괴한다.
ⓒ Andreas Johannsen(andjohan@flickr.com)

일상생활에서 기름이 물과 섞이지 않고 물 위에 뜨는 모습을 본 적이 있을 거예요. 기름과 물은 섞이지 않으니 유조선 기름이 모두 물 위로 떠서 바닷속에는 기름이 없다고 생각하기 쉬워요. 하지만 기름은 바다 밑바닥까지 스며들어 조개류를 오염시킬 만큼 널리 퍼집니다.

유조선 사고가 나면 흡착포로 기름을 없애는 동시에 유화제를 뿌립니다. 유화제가 기름 분자를 잘게 부수어 분해하기 때문이에요. 하지만 분해된 기름 성분이 바닷속에 들어가면 바닷속 생물의 생명을 위협해요. 이처럼 석유와 유화제 모두 바다를 오염시키므로 유조선 사고가 일어나지 않도록 미리 조심해야 합니다.

문제 1 모든 동물 중에서 몸집이 가장 큰 동물은 무엇인가요? 그 동물은 얼마큼 큰가요?

문제 2 바닷속에서 일어나는 백화현상은 무엇인가요?

3. 먼저 큰 해조류들이 사라지고 잡초 같은 석회조류로 덮이면서 사막화가 시작됩니다. 해조류가 사라지면 전복이나 소라, 성게 등 해조류를 주로 먹었던 동물들은 먹이가 부족해져 결국 죽게 되지요. 이렇게 연이어 균형이 깨어지면서 바닷속 생태계는 점점 파괴되어 간답니다.

문제 3 바다는 어떤 과정을 거쳐 사막화되나요?

정답

1. 모든 동물 중에서 몸집이 가장 큰 동물은 바다에 사는 흰긴수염고래예요. 흰긴수염고래는 몸길이가 20~30m이며, 몸무게는 125t 정도입니다. 또 심장은 자동차만큼 크지요. 흰긴수염고래가 물을 뿜으면 물줄기가 10m 가까이 날아간답니다.

2. 백화현상이란 바닷속이 하얗게 변하는 현상을 말합니다. 바다가 마치 하얀 꽃이 핀 모습과 비슷하게 된다 하여 백화라는 이름이 붙여졌지요. 백화는 바다가 사막화되는 현상이에요. 현재 우리나라도 제주도와 동해안을 중심으로 백화현상이 점점 퍼져 나가고 있습니다.

관련 교과

초등 4학년 1학기 2. 지표의 변화
초등 5학년 2학기 5. 용액의 반응
중학교 1학년 5. 지각의 물질과 변화
중학교 3학년 5. 물질 변화에서의 규칙성

4. 흙을 나르는 물

물은 계속해서 돌고 돕니다. 바닷물이 증발해 구름이 되고, 구름이 비가 되어 내리면 다시 강과 바다를 이루지요. 물은 돌고 돌면서 땅의 모양을 바꾸어요. 또 바람과 얼음에 의해서 땅의 모양이 변하기도 한답니다.

풍화와 토양

암석

땅을 이루는 단단한 물질을 말해요. 돌이나 바위라고 생각하면 되지요. 암석은 크게 화성암, 퇴적암, 변성암으로 나눈답니다.

우리가 서 있는 발밑의 땅은 큰 돌이 부서져서 생긴 것입니다. 큰 돌은 침식과 퇴적이 일어나 깎이고 쌓이기를 반복하지요. 침식이란 물, 바람, 빙하 등에 의해 지표면이 깎여 나가는 작용을 말해요. 퇴적이란 암석의 조각이나 죽은 생물이 물, 빙하, 바람에 의해서 운반되어 일정한 곳에 쌓이는 현상을 말하고요. 그런데 발밑의 땅은 단순히 깎일 뿐만 아니라 부서지기도 합니다. 물이나 공기에 의해 발밑의 큰 돌이 부서지는 과정을 '풍화'라고 불러요.

두 가지 풍화작용

풍화작용은 크게 기계적 풍화와 화학적 풍화로 나눕니다. 기계적 풍화는 돌에 어떤 압력이 가해져 작게 부서지는 현상이에요. 기온이 변하여 물이 얼고 녹기를 반복하는 과정에서 일어나지요. 암석의 작은 틈으로 들어간 물은 온도가 급격히

낮아지면 암석 속에서 얼어 버려요. 그런데 물은 얼면 부피가 늘어납니다. 암석 틈에서 물의 부피가 늘어나 틈이 점점 벌어지다가 결국 깨지게 되지요. 이런 현상이 일어나려면 물이 급격히 얼어야 하기 때문에 기계적 풍화는 주로 추운 지역에서 일어나요.

화학적 풍화는 암석이 물에 녹거나 공기와 반응하여 부서지는 작용이에요. 여러 기체가 녹아 있는 물이 암석을 약하게 만들어 부서지게 되지요.

암석이 흙이 되는 과정

암석이 부서지면 어떻게 될까요? 커다란 암석이 부서지면 작은 돌로 변하고, 작은 돌이 부서지면 우리가 밟고 사는 흙이 됩니다. 그 과정을 자세히 알아볼까요?

우리가 밟고 있는 땅은 여러 개의 층으로 이루어져 있습니다. 가장 깊숙한 곳에는 아직 부서지지 않은 암석이 있어요. 이 암석을 '기반암'이라고 해요. 암석이 부서져서 흙과 암석이 섞여 있는 층은 '모질물'이라고 부릅니다. 모질물이 더 부서지면 우리가 밟고 있는 '표토'라는 층이 생겨요. 표토는 땅을 덮고 있는 매우 얇은 층이에요. 표토는 30cm 정도를 차지하며, 촉촉하고 영양 성분이 많은 땅이랍니다. 표토에는 많은 미생물과 미생물을 만들고 변화시키는 물질이 있어요. 또 식물의 잎이 떨어지거나 작은 동물이 죽어서 분해되는 곳이기 때문에 좋은 거름 역할도 합니다. 그래서 표토는 점점 생물이 살기 좋은 땅이 되지요. 이렇게 동물과 식물이 죽어 거름 역할을 하는 땅을 '부식토'라고 불러요.

모질물과 표토 사이에는 층이 하나 더 자리 잡고 있습니다. '심토'라는 층이지요. 심토는 풍화작용이 충분하게 이루어지지 않은 곳으로, 양분이 적어서 거름 역할을 제대로 할 수 없어요.

아래의 그림을 보면 기반암부터 표토까지의 단면을 볼 수 있습니다. 그런데 이들 토양층의 두께는 어떻게 결정될까요? 토양의 두께를 결정하는 가장 큰 요인은 기후예요. 더운 지역에서는 기반암이 깎여 식물이 자라기 좋은 두꺼운 토양이 만들어지지만, 추운 지역에서는 풍화가 잘 일어나지 않기 때문에 토양층이 많이 만들어지지 않아요. 추운 지역은 토양의 두께가 얇을 수밖에 없겠지요.

■ **토양의 단면**

흐르는 물의 작용

물이 시작되는 강의 상류

물은 강의 상류에서 시작되어요. 상류의 물은 좁은 폭에서 아주 빠르게 흐릅니다. 물의 양은 적지만 경사가 급하기 때문에 물이 빠르게 흐를 수밖에 없지요.

강 상류에서는 물이 빠르게 흐르는 성질을 이용하여 댐을 만들기도 합니다. 댐은 강을 가로질러 쌓아 놓은 대규모의 둑을 말해요. 먹는 물, 농사용 물, 공장에서 사용하는 물을 모아 두거나 전기를 얻기 위하여 만들지요. 비가 많이 올 때 물을 내보내지 않고 모아 놓았다가 물이 필요할 때 댐의 문을 열어 물을 공급해 준답니다.

댐에서 물을 흘려보낼 때, 낙차를 이용하면 전기를 얻을 수 있어요. 물이 떨어지며 발전기를 돌려서 전기를 일으키는

낙차

높은 곳에서 낮은 곳으로 떨어지는 물의 높낮이 차이를 말해요. 주로 수력발전을 하는 데에 이용하지요.

댐은 낙차를 이용하여 전기를 얻는다.
ⓒ Qurren@the Wikimedia Commons

방법을 수력발전이라고 합니다. 쏟아지는 물줄기 아래에 물레방아 같은 발전기를 두어서, 물이 흐르며 발전기를 돌아가게 하면 전기에너지가 만들어지지요. 우리나라에서 수력발전으로 전기를 얻는 곳은 소양강 댐, 춘천 댐, 대청 댐 등이 있어요.

강 상류에 있는 계곡에 가 본 적이 있나요? 계곡의 돌은 크고, 표면이 거칠며, 모가 나 있어요. 바위와 커다란 돌은 물의 흐름에 따라 강의 위쪽에서 아래쪽으로 이동하면서 서로 부딪치거나 다른 물체와 물에 부딪혀 깨지고 깎이며 점점 작은 돌로 변합니다. 상류에 있는 돌은 이러한 과정을 거치지 않아서 거칠고 큰 거예요.

돌에서 깎여 떨어져 나온 여러 가지 물질이 계곡을 따라 경사진 곳을 내려오다가 평지에 닿으면 어떻게 될까요? 더 이상 움직이지 못하고 쌓이게

선상지는 강의 상류에서 물의 흐름을 따라 내려오던 자갈과 모래가 평지를 만나 물의 흐름이 느려지면서 쌓여 만들어지는 지형이다.

됩니다. 평지는 상류에 비해 물이 느리게 흐르기 때문에 깎인 물질이 함께 흐를 수 없어요. 그래서 강바닥에 쌓이게 되지요. 이를 퇴적물이라고 하고, 퇴적물이 갑자기 쌓이며 부채꼴 모양을 이루는 지형을 선상지라고 합니다.

래프팅은 폭이 좁고 물살이 빠른 상류의 특징을 이용한 운동이다.

여름에 계곡에서 고무보트를 타고 신 나게 내려오는 사람들을 본 적 있나요? 강의 상류에서 보트를 타는 운동을 래프팅이라고 해요. 래프팅은 폭이 좁고 물살이 빠른 상류의 특징을 이용한 운동이랍니다.

강의 중류에 도착한 물

강의 중간 부분인 중류로 내려오면 강의 폭이 넓어지고 경사가 완만해져요. 또 상류보다 강이 구불구불해지면서 강가에 모래와 자갈이 많아지고 크기도 작아지지요. 그래서 강의 중류에는 작은 마을이 생기기도 하고 과수원, 목장, 논, 밭 등이 만들어지기도 한답니다.

중류에서는 돌과 모래, 흙을 운반하는 작용이 활발하게 일어납니다. 이때 강은 구불구불하게 움직여요. 강이 오목하게 들어간 안쪽은 물의 흐름이 느려서 돌과 모래가 쌓이고, 강이 볼록한 바깥쪽은 물의 흐름이 빨라 침식 작용이 일어납니다. 이런 과정이 계속되면 점점 강물이 심하게 휘어져서 꺾이는 부분끼리 서로 가까워집니다. 그러다 강물이 많이 휘어진 곳에서 잘록한 부분이 떨어지고 강물은 곧은 지름길로 흐르게 되어요. 이때 소의 뿔 모양처럼 둥그렇게 떨어져 만들어진 호수를 '우각호'라고 합니다. 구불거리던

우각호는 침식과 퇴적 작용으로 만들어진다. ⓒ mollystevens@flickr.com

강의 일부가 호수가 되어서 강물은 좀 더 완만히 흐르게 되지요.

강의 하류에 도착한 물

중류를 지난 물은 강의 아래쪽 부분인 하류로 흘러가요. 하류는 강의 폭이 더욱 넓고, 경사가 거의 없습니다. 자갈은 작고 동그랗게 변하지요. 침식작용이 더 활발하게 이루어지면 작은 돌멩이가 고운 모래가 되기도 해요. 그 모래가 쌓여서 삼각주나 백사장을 이룹니다.

삼각주는 강물이 바다로 흘러드는 강어귀에 생깁니다. 강물이 옮겨 온

■ 강물의 흐름으로 생긴 땅의 모양

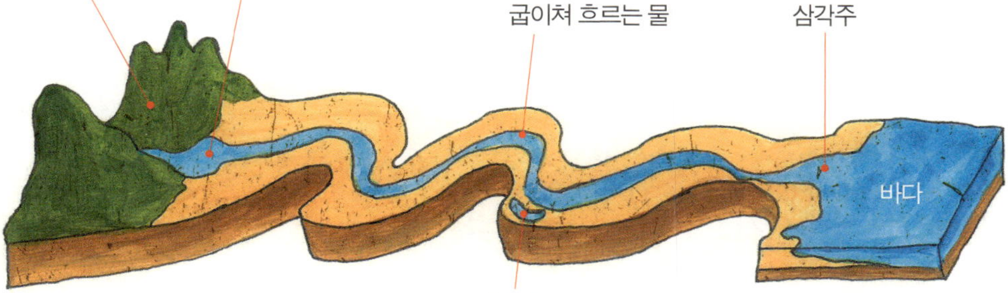

모래나 흙이 쌓여 이루어진 편평한 땅을 말하지요. 삼각주에는 큰 도시와 어촌 마을이 생겨납니다. 여러 곳의 상류를 따라 흘러온 물이 모이는 곳이라서 생활에 필요한 물을 쉽게 얻을 수 있어요. 이곳은 모래가 많이 쌓이므로 모래 채취장을 볼 수도 있고, 바닷물의 침입을 막기 위하여 지은 하굿둑도 볼 수 있어요. 하굿둑은 바닷물이 강물로 흘러드는 것을 막기 위해서 강어귀에 쌓은 댐입니다. 짠 바닷물이 강으로 들어오면 강은 제 역할을 못하지요. 그래서 낙동강 하굿둑, 영산강 하굿둑, 금강 하굿둑 등을 만들어 바닷물과 강물이 섞이지 않도록 하고 있답니다.

강 상류의 물은 어디에서 올까요?

우리는 지금까지 강의 상류에서 시작하여 바다로 흘러가는 물의 흐름에 대해서 알아보았어요. 그렇다면 강 상류의 물은 어디에서 올까요?

산에 내리는 빗물이 모여 강 상류의 물이 됩니다. 산에 내린 빗물은 땅 위로 흐르거나 지하로 스며들어 지하수가 되어요. 아니면 증발하여 수증기가 되기도 하지요. 이때 땅 위로 흐르는 물을 지표수라고 합니다. 지표수는 지

삼투 현상

어떠한 막을 사이에 둔 양쪽 용액의 농도가 다를 때 농도가 진한 쪽으로 물이 옮겨 가는 현상을 말해요.

구 표면에서 흐르는 물을 말해요. 보통 바닷물은 포함하지 않고 하천, 호수, 운하 등의 물을 통틀어 이른답니다. 지표수는 점점 땅속으로 흡수되어요. 지표수가 땅속으로 흡수되어 지하로 흘러들면 물은 지하에 저장되거나, 식물에게 흡수된답니다. 또는 계곡을 통해 다시 땅 위로 나오기도 하지요.

지하로 흘러든 물은 암석의 작은 틈 속에 저장되어 있다가 지하수 형태로 조금씩 이동하게 됩니다. 돌의 구멍은 굉장히 작아서 물이 들어갔다가 빠져나오는 데 오랜 시간이 걸려요. 그렇기 때문에 지표의 물이 땅속으로 모두 흘러내린 후에도 지하수는 오랫동안 흐른답니다. 지표수가 흘러내린 지 한참이 지난 뒤에도 지하수가 흐르니까 식물의 뿌리가 지하수를 흡수했다가 조금씩 흘려보낸다고 생각하기 쉬워요. 하지만 그런 일은 있을 수 없어요. 식물은 물을 흡수할 수는 있지만 뿌리에서 물을 내놓을 수는 없답니다. 바로 삼투현상 때문이지요. 식물의 농도가 물의 농도보다 짙기 때문에 물이 식물로 흡수되어 빠져나오지 못하거든요. 그러므로 식물의 뿌리에서 물이 나올 수 없는 것이랍니다.

물은 강에서 바다로 흐르면서 환경을 변하게 하여 우리 생활에 많은 영향을 끼칩니다. 적당한 변화는 물속의 다양한 생물이 잘 자랄 수 있도록 도와주고 땅을 비옥하게 하여 우리에게 살기 좋은 환경을 만들어 주어요. 하지만 산사태나 홍수를 일으킬 정도의 큰 변화는 우리의 집이나 식량을 없애는 등 무시무시한 영향을 끼치기도 한답니다.

TIP 요건 몰랐지?

물의 흐름 살펴보기

물의 흐름을 살펴볼 수 있는 실험이 있습니다. 바로 유수대 실험이에요. 유수대는 판의 위쪽에 물통이 있고, 아래쪽에 흙이 평평하게 들어가는 넓은 판이 있어서 흙 위로 물이 흘러가는 모습을 관찰할 수 있는 장치입니다. 유수대가 기울어지도록 비스듬히 놓고 위쪽 물통에서 물을 내려보내면 자연 상태의 강과 비슷하게 물이 흘러가지요.

물을 판 위로 흘려보내면 판의 위쪽에서는 좁고 빠르게 흐르지만, 아래쪽에서는 넓고 느리게 흘러가는 모습을 볼 수 있을 거예요. 또 물길이 굽은 곳의 안쪽에는 흙이 쌓이고 바깥쪽에서는 흙이 깎여 내려가는 모습도 관찰할 수 있답니다. 유수대에서 흐르는 물이 위쪽 흙을 아래쪽으로 내려보내는 모습을 보면서 강 상류의 흙이 운반되어 강 하류에 쌓이는 현상을 떠올릴 수 있지요. 유수대 실험을 할 때에는 강 상류와 하류에 따른 물길의 차이를 생각해 보면서 관찰해 보세요. 다양한 변화를 주면서 유수대 실험을 해 보면 실제 강의 모양이 어떻게 변하는지 알 수 있습니다.

지하수의 작용

우리나라에서는 지하수의 영향을 받아 변한 지형을 찾아볼 수 있습니다. 석회동굴이 바로 지하수에 의해 생긴 지형이지요. 충북 단양에 있는 고수동굴은 무척 아름다워서 관광객들이 많이 찾아오는 곳이에요. 고수동굴 주변의 지층은 4~5억 년 전에 만들어진 것으로 추정하고 있답니다.

그러면 지하수가 어떻게 석회동굴을 만드는지 알아볼까요? 석회암으로 이루어진 땅이 흔들려 지표수가 땅 아래로 흘러 들어가면 석회동굴이 만들어질 준비가 된 거예요. 이때, 땅 밑으로 흘러 가는 지표수에는 대기나 토

고수동굴은 석회암이 이산화탄소가 녹은 물에 반응하여 만들어진 석회동굴이다.
ⓒ Steve46814@the Wikimedia Commons

양에서 들어간 이산화탄소가 녹아 있답니다.

이산화탄소가 녹아 있는 물이 쉽게 상상이 안 된다면 탄산 온천을 생각해 보세요. 온천물에서 올라오는 작은 공기 방울이 바로 이산화탄소가 들어 있다는 증거이지요. 또 우리가 종종 마시는 탄산음료를 떠올려도 된답니다. 탄산음료는 높은 압력을 이용하여 이산화탄소를 넣어서 만든 음료이기 때문이에요. 탄산음료를 가만히 살펴보면 공기 방울이 올라오는 모습을 볼 수 있어요. 이 공기 방울이 바로 이산화탄소랍니다.

석회암은 탄산칼슘이 주성분인 돌이에요. 탄산칼슘은 이산화탄소와 만나면 탄산수소칼슘으로 변해 녹는 성질이 있습니다. 그래서 석회암 지대에 이산화탄소가 녹아 있는 지하수가 흘러들어 가면 석회암이 있던 부분이 녹아 동굴이 만들어진답니다.

이 원리를 간단한 실험으로 알아볼까요? 교실에서 쓰는 분필과 탄산음료를 준비하고, 탄산음료에 분필을 넣은 다음 관찰해 보세요. 부글부글 기

종유석은 지하수의 석회 성분인 탄산수소칼슘이 증발하는 수분으로 인해 다시 결정화되어 석회 동굴 천장에서 자란 것이다.

석순은 종유석에서 떨어진 탄산칼슘 용액에서 물과 이산화탄소가 증발하여 굳어져 만들어진다.

체가 생기며 분필이 녹는 모습을 볼 수 있을 거예요. 분필은 석회로 이루어져 있기 때문에 이산화탄소가 들어 있는 탄산음료를 만나면 녹는답니다.

석회동굴은 석회암으로 이루어진 땅에 침식작용이 일어나 생긴 지형이에요. 그러면 석회암 지역에는 퇴적작용이 일어나지 않을까요? 그렇지 않아요. 석회암을 녹이던 물이 증발하면 다시 석회암이 만들어진답니다. 이때 만들어지는 석회암의 모양은 매우 다양해요.

석회동굴에 가 본 적 있나요? 석회동굴 천장에는 고드름처럼 주렁주렁 매달린 것이 있습니다. 이것을 '종유석'이라고 불러요. 종유석은 석회동굴 천장에 매달려 있던 물 한 방울에서부터 생겨나지요. 물방울이 바닥으로 떨어지면서 아주 조금 석회암 성분을 남기는데, 이러한 작은 성분이 오랜 기간 모여 긴 빨대 모양의 종유석을 만든답니다.

석회동굴에는 땅에서 올라오는 석회암도 있습니다. 이것을 '석순'이라고 해요. 죽순처럼 솟아오른 석회암이라고 하여 붙여진 이름이지요. 석순은 종유석에서 떨어진 탄산칼슘 용액에서 물과 이산화탄소가 증발하여 굳어져 생깁니다. 위에서 내려오는 종유석과 아래에서 솟아오르는 석순이 만나면 둘이 합쳐져 기둥이 되어요. 이 기둥을 '석주'라고 부릅니다. 석주가 만들어진 뒤에도 탄산칼슘이 석주 쪽으로 흐른다면 석주는 옆으로 계속 굵어진답니다.

종유석과 석순이 만나 합쳐지면 석주가 된다.
ⓒ Cristian Bortes@the Wikimedia Commons

TIP 요건 몰랐지?

탄산음료를 마시면 치아가 상해요

탄산음료는 석회질로 이루어진 치아를 조금 녹인다.
ⓒ Ubcule@the Wikimedia Commons

피자나 치킨을 먹을 때 함께 마시는 탄산음료에는 물과 이산화탄소가 섞여 있습니다. 치아는 석회암과 마찬가지로 석회질로 이루어져 있지요. 석회동굴은 이산화탄소가 들어 있는 물이 석회암을 녹여 만들어진다고 배웠어요. 그러면 석회질로 되어 있는 치아가 이산화탄소가 들어 있는 탄산음료와 닿으면 어떻게 될까요? 이산화탄소와 뼈의 석회질 성분이 반응하여 치아는 조금 녹아 버린답니다.

치아를 녹이는 탄산음료를 마시지 않는 편이 가장 좋겠지만 그럴 수 없다면 어떻게 해야 할까요? 마시자마자 칫솔질하는 방법이 가장 좋을까요? 최근 연구 결과를 살펴보면 탄산음료를 마신 후 바로 칫솔질하는 것이 오히려 좋지 않다고 합니다. 그 이유는 칫솔질할 때 사용하는 치약에 치아 표면을 닦아 내기 위한 약이 들어 있기 때문이에요. 탄산음료를 마신 후 바로 칫솔질을 하면 탄산음료가 치아를 녹이는 현상에 약의 작용이 더해져 오히려 나쁜 영향을 끼칠 수 있답니다. 그래서 탄산음료를 마신 후에는 바로 칫솔질을 하기보다 물이나 구강 청정제로 입안을 헹구고 30분에서 1시간 정도 후에 칫솔질을 해야 좋아요.

Q&A 꼭 알고 넘어가자!

문제 1 물이나 공기에 의해 발밑의 큰 돌이 부서지는 과정을 '풍화'라고 불러요. 풍화의 종류에는 무엇이 있고, 특징은 무엇인가요?

문제 2 산에 내린 빗물은 어디로 가나요?

3. 삼각주는 강 하류에 이르러 강폭이 넓고, 경사가 거의 없어지면서 생깁니다. 강 하류에서 침식작용이 더 활발하게 이루어지면 하류의 작은 돌멩이가 고운 모래가 되고, 그 모래가 쌓여서 삼각주를 이룬답니다. 삼각주에서는 생활에 필요한 물을 쉽게 얻을 수 있으므로 큰 도시와 어촌 마을이 생겨나요. 또 모래가 많이 쌓여서 모래 채취장을 볼 수 있고, 바닷물의 침입을 막기 위하여 지은 하굿둑도 볼 수 있답니다.

4. 땅 밑으로 흘러가는 지표수에는 이산화탄소가 녹아 있습니다. 석회암은 탄산칼슘이 주성분인 돌이고, 탄산칼슘은 이산화탄소와 만나면 탄산수소칼슘으로 녹는 성질이 있어요. 그래서 땅 아래 석회암이 있던 부분이 녹아 동굴이 만들어진답니다.

문제 3 강 하류에서 찾아볼 수 있는 삼각주는 어떻게 만들어지고, 어떤 특징이 있나요?

문제 4 석회동굴은 어떻게 만들어질까요?

정답

1. 풍화작용은 크게 기계적 풍화와 화학적 풍화로 나뉩니다. 기계적 풍화는 돌에 어떤 압력이 가해져 작게 부서지는 현상이에요. 암석 틈으로 들어간 물이 얼어 부피가 늘어나 틈이 점점 벌어지다가 암석이 깨지게 되지요. 화학적 풍화는 암석이 물에 녹거나 공기와 반응하여 부서지는 작용이에요. 여러 기체가 녹아 있는 물이 암석을 약하게 만들어 부서진답니다.

2. 산에 내린 빗물은 땅 위로 흐르거나 지하로 스며들어 지하수가 됩니다. 아니면 증발하여 수증기가 되기도 하지요.

관련 교과

초등 3학년 1학기 4. 날씨와 우리 생활
초등 4학년 1학기 2. 지표의 변화
중학교 1학년 5. 지각의 물질과 변화
중학교 3학년 4. 물의 순환과 날씨 변화

5. 지표의 변화

지표면을 평평하게 하는 것은 여러 가지 작용에 의한 침식과 퇴적 활동 때문이에요. 우리나라에서는 물의 영향을 받아 지표가 변하는 일이 가장 흔하지만, 사막과 빙하가 있는 지역은 지표면을 평평하게 하는 원인이 다양합니다. 지표를 변하게 하는 원인에는 어떤 것들이 있는지 함께 알아볼까요?

해수에 의한 변화

해수욕장 백사장에 서서 양쪽 끝을 바라본다고 상상해 보세요. 무엇이 보일까요? 어느 백사장이라도 양쪽 끝에는 툭 튀어나온 바위섬이 보일 거예요. 해안선에는 튀어나온 부분과 쑥 들어간 부분이 있습니다. 튀어나온 바위섬 부분을 '곶'이라고 하고, 쑥 들어가서 백사장이 펼쳐진 부분을 '만'이라고 해요. 포항에 가면 영일만이라는 곳이 있습니다. 우리나라 땅은 호랑이와 비슷한 모양이라고 하지요? 우리나라 땅을 호랑이와 비교해

해안선에 곶과 만이 잘 나타나 있다.

곶
저기 툭 튀어나온
바위섬이 '곶'이고
이 백사장은
'만'이야.

보면 영일만은 호랑이 꼬리와 엉덩이 사이의 쑥 들어간 부분에 자리하고 있어요. 바다가 육지 속으로 파고든 만에서는 주로 퇴적 작용이 일어난답니다. 침식된 모래가 물에 운반되어 쌓이지요. 영일만에도 형산강에서 흘러온 모래가 하구 부근에 쌓여 만들어진 넓은 평야가 있습니다. 그 평야에서 많은 농산물을 기를 수 있어요.

해식동굴은 해식절벽에 침식작용이 일어나 만들어진다.
ⓒ karlnorling@flickr.com

해안이 바다 쪽으로 튀어나와 있는 곳은 파도에 의해서 침식작용이 활발하게 일어납니다. 그렇기 때문에 곶에서는 다양한 현상이 일어나지요. 파도와 풍화작용에 의해서 해안에 생긴 낭떠러지를 해식절벽이라고 해요. 파도가 해식절벽의 일정한 지점에 계속 부딪치면 그곳만 움푹 파여서 해식동굴이 생깁니다. 원시 시대에 해식동굴에서 살았다고 상상해 보세요. 무척 재미있었으리라 생각할 수 있지만, 실제로 해식동굴에서 사는 것은 위험해요. 동굴의 천장이 무너져 내릴 수도 있기 때문이지요. 해식동굴 윗부분이 무너지고 침식이 계속 이루어지면 해식절벽은 원래 위치에서 육지 쪽으로 물러선 모양이 됩니다. 그러면 무너진 해식동굴의 윗부분은 어떻게 될까요? 무너져 내린 돌과 모래는 그대로 떨어져 바다 밑에 쌓여 평평한 땅을 이룬답니다. 해식동굴이 무너져 만들어진 바닷속의 평평한 땅을 '파식대지' 라고 합니다. 해안선은 이렇게 자꾸 쌓이고 깎이고를 반복하면서 점차 단순해진답니다.

이제 해안선을 변화시키는 요인이 파도라는 사실을 알게 되었어요. 바닷가에서 파도를 자세히 살펴보면 파도는 해안선과 평행하게 밀려온다는 사실을 알 수 있습니다. 그러면 파도는 처음부터 해안선과 나란하게 생겨날까요?

파도가 원래부터 해안선과 같은 모양으로 생겨나는 것은 아닙니다. 파도는 물 위에서 부는 바람의 영향으로 만들어지기 때문에 바람과 같은 방향으로 움직여요. 먼바다에서 생기는 바람은 진행 방향이 제각각 다르기 때문에 파도도 진행 방향이 다양해요. 하지만 파도가 해안에 가까이 오면 바다가 얕아져서 바다의 밑부분과 부딪치기 때문에 해안선 모양으로 일정하게 바뀌어 밀려온답니다.

■ **파도에 의한 지표의 변화**

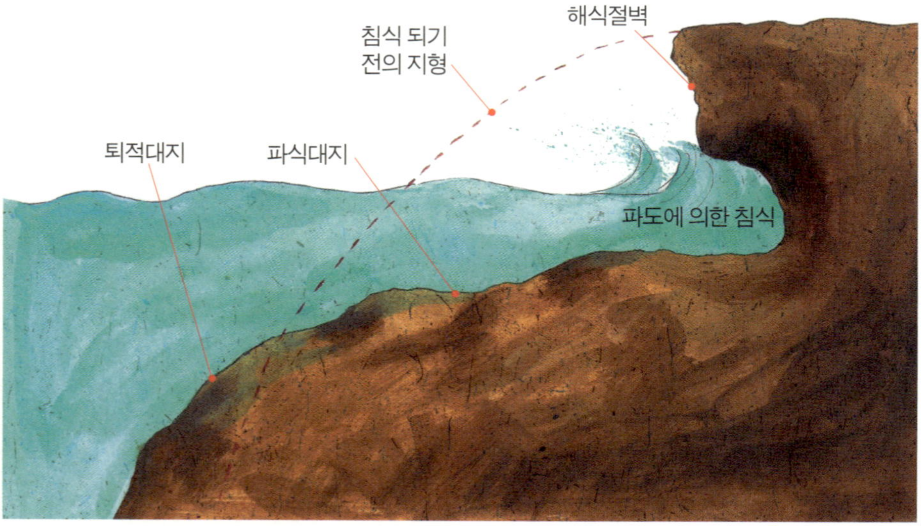

빙하에 의한 변화

빙하는 추운 극지방이나 아주 높은 산에 있습니다. 극지방과 고산지대는 매우 춥기 때문에 눈이 오면 잘 녹지 않고 쌓여요. 눈이 오랫동안 쌓이고 다져지면 육지의 일부를 덮으며 빙하가 된답니다. 이렇게 눈이 내리는 양이 녹는 양보다 많아서 1년 내내 산에 남아 있는 눈을 만년설이라고 해요. 녹는 양보다 내리는 눈의 양이 많으니까 시간이 흐르면 빙하 위로 눈이 끝없이 쌓이게 될까요? 아무리 눈이 많이 온다고 해도 눈이 계속 쌓일 수는 없답니다. 그 이유는 중력 때문이에요. 빙하 위에 쌓인 눈덩이는 중력의 영향으로 흘러내립니다. 고산지대에서 흘러내린 눈덩이는 뭉쳐져 굴러 내려오며 땅을 깊게 파서 골짜기를 만들기도 해요. 그렇게 해서 만들어진 골짜기를 'U자

U자곡은 빙하가 골짜기를 따라 흘러내리면서 만들어진다.

중력

무게가 있는 모든 물체에는 서로 끌어당기는 만유인력이라는 힘이 있어요. 그중에 지구가 물체를 끌어당기는 힘이 중력이에요. 중력이 있어서 우리는 공중에 떠다니지 않고 땅에 발을 딛고 생활할 수 있지요.

곡'이라 부릅니다. U자곡은 물이 흐르며 생겨난 계곡처럼 산의 일부분이 깎여서 만들어집니다.

빙하가 내려가며 침식작용만 일으키지는 않습니다. 퇴적작용도 함께 일어나요. 부서진 빙하는 흙과 함께 산 아래로 굴러 내려가 쌓입니다. 산 아래의 기온은 높기 때문에 눈덩이에 있던 물은 모두 녹고 암석, 자갈, 모래 등만 쌓이지요. 이러한 지형을 빙퇴석이라고 부릅니다.

TIP 요건 몰랐지?

빙하가 녹고 있어요

지구 기온이 올라 빙하가 녹으면 해수면의 높이가 올라간다.
ⓒ Ealdgyth@the Wikimedia Commons

공기 중의 이산화탄소 농도가 높아지면 온실효과가 일어나 지구 기온이 올라가는 온난화 현상이 일어납니다. 온실효과는 지구가 태양에서 받은 에너지를 다시 우주 공간으로 내보내야 하는데 받은 만큼 열을 내보내지 못해서 지구 대기 온도가 올라가는 현상이에요. 이산화탄소를 포함한 온실 기체는 태양에서 오는 빛은 잘 흡수하지 못하고 지구가 내보내는 빛은 잘 흡수하여 그 에너지를 대기에 남겨 둡니다. 이러한 대기 속 에너지가 지구 온도를 올라가게 하지요.

지구의 기온이 오르면 극지방의 빙하와 빙산이 녹아 바닷물의 양이 늘어납니다. 빙하가 녹은 물이 바다로 흘러들어 해수면의 높이가 올라가지요. 지구에서 빙하는 바다 다음으로 많은 물을 저장해 놓은 곳이에요. 빙하의 넓이는 육지의 약 10%를 차지할 정도랍니다. 만약 빙하가 모두 녹는다면 해수면은 약 60m가 오르리라 예상하고 있어요. 그렇게 된다면 여러 동물과 식물뿐만 아니라 사람도 살기 어려워질 거예요.

바람에 의한 변화

조금씩 이동하는 모래언덕

오스트레일리아의 포트스티븐스라는 항구 도시에 가면 우리나라에서는 쉽게 볼 수 없는 지형이 있습니다. 바로 모래언덕이에요. 모래언덕은 다른 말로 사구라고도 해요. 이곳의 모래언덕은 레저 스포츠를 즐길 수 있는 곳으로 유명합니다. 모래언덕 정상에서 스노보드 판처럼 생긴 나무판을 타고 내려오며 속도를 즐기지요. 내려올 때는 신 나게 내려오지만 다시 타기 위해서 올라갈 때는 높고 경사진 모래언덕을 걸어 올라가야 해요. 스키장처럼

바람이 불면 모래 언덕은 조금씩 움직인다. ⓒ Wing-Chi Poon@the Wikimedia Commons

리프트를 설치하면 좋겠지만 모래언덕에는 리프트를 설치할 수 없답니다.

리프트를 설치할 수 없는 이유에 대하여 자세하게 알아볼까요? 모래언덕은 모래가 많은 사막에서 주로 생겨요. 모래가 바람이 부는 대로 이동하다가 한곳에 쌓이면 모래언덕이 되지요. 그런데 사막에서는 계속 바람이 불기 때문에 모래언덕이 조금씩 이동한답니다. 이처럼 지면이 계속 이동하면 리프트를 설치할 수 없어요.

황사현상으로 생기는 사막

모래언덕 외에 바람에 의해서 변하는 지형을 조금 더 알아볼까요? 매년 봄이 되면 바람에 섞여 날아와 우리를 괴롭히는 것이 있습니다. 바로 황사이지요. 우리나라에 영향을 주는 황사는 중국과 몽골의 사막에서 발생해요. 이곳은 비가 잘 오지 않는 건조한 사막이라 바람이 불면 모래 먼지가 일어납니다. 이렇게 생겨난 모래 먼지가 계속 바람을 타고 우리나라와 일

황사현상이 일어나면 공기가 뿌옇게 되어 앞을 선명하게 볼 수 없다. ⓒ taylorandayumi@flickr.com

저기압

높이가 같은 주위보다 기압이 낮은 곳을 말해요. 주위보다 기압이 낮아서 바깥쪽에서 저기압의 안쪽으로 바람이 불어들어 오고, 저기압의 중심 부근에서는 공기가 위로 오르는 성질이 있습니다.

본, 멀리는 태평양을 지나 미국까지 날아가 가라앉는답니다.

황사현상이 일어나면 황사가 발생하는 지역의 사막화가 빠르게 이루어져요. 땅에 있던 모래가 바람에 쓸려 가면서 없어지니까 땅이 점점 메말라서 식물이 자랄 수 없게 되지요. 황허 강 중류에서는 매년 20억t에 달하는 토양이 바람에 휩쓸려 간다고 해요. 중국과 몽골 지역은 국토에서 사막이 차지하는 비중이 점점 늘어나고, 자라는 식물의 종류도 줄고 있습니다.

우리나라에서 황사현상은 주로 봄에 일어나요. 여름이나 가을에는 비가 자주 오고, 식물의 뿌리가 모래를 붙잡는 역할을 해서 모래 먼지가 잘 날리지 않아요. 또 겨울에는 땅이 얼어 있기 때문에 황사현상이 일어나기 어렵

지요. 하지만 봄에는 겨우내 얼어 있던 건조한 땅이 녹아 잘게 부서져서 모래 먼지가 바람에 날리기 쉬운 상태가 됩니다. 이때 모래 먼지 위로 저기압이 지나가면 공기가 위로 올라가려는 힘이 커져서 모래가 섞인 공기가 3,000~5,000m의 높은 상공으로 올라가요. 높이 올라간 뒤, 바람을 타고 빠른 속력으로 이동하지요. 바람을 타고 이동하던 모래 먼지는 바람의 속도가 느려지는 우리나라와 일본을 지나며 천천히 가라앉게 됩니다.

황사는 공기를 뿌옇게 만들어 우리의 기분을 좋지 않게 하지만, 더욱 큰 문제는 우리 몸에 좋지 않은 영향을 준다는 사실이에요. 황사는 호흡기 질환과 눈 질환, 알레르기 등을 일으킵니다. 특히 연세가 많으신 할아버지, 할머니와 면역력이 약한 어린아이는 호흡기와 관련된 질병에 쉽게 걸릴 수 있으므로 더 조심해야 해요. 또 최근에는 중국의 빠른 산업화 때문에 황사에 납이나 카드뮴 같은 중금속이 들어 있으리라 예측하고 있습니다. 그러니 황사현상이 일어나는 날에는 외출할 때 마스크를 쓰고, 외출 후 손과 발을 깨끗이 씻어야 해요.

이렇게 사막에서 부는 강한 바람 때문에 사막화가 점점 빠르게 이루어지고 사막과 떨어진 다른 지역까지 황사로 영향을 받고 있습니다. 황사현상을 일으키는 모래땅 말고 사막에는 또 어떤 지형이 있을까요?

호흡기

호흡 작용을 하는 기관을 말해요. 생물이 산소를 몸 안으로 흡수하고, 이산화탄소를 밖으로 내보내기 위한 기관이지요. 대표적인 호흡기로는 물고기의 아가미 또는 사람과 같은 고등 동물의 허파 등이 있습니다.

면역력

외부에서 들어온 병원균이 저항하는 힘을 말해요. 병원균은 병의 원인이 되는 균을 말합니다.

카드뮴

은백색의 금속으로, 자연환경에서는 대부분 산소와 염소 같은 다른 원소와 결합하여 있지만 가끔 공기 중에 작은 입자로 존재하기도 합니다. 카드뮴은 여러 질병을 일으키는 대표적인 중금속이에요. 한 번 몸속에 들어오면 계속 남아 있으므로 조심해야 합니다.

사막의 생명, 오아시스

사막을 떠올리면 하얀 옷을 입은 사람들이 낙타를 타고 지나가는 모습이 생각나요. 자동차가 없던 시기에도 사람들은 낙타를 타고 오가며 사막을 지나다녔답니다. 그런데 낙타에 의지하여 사막을 오가던 사람들은 목이 마르면 어떻게 했을까요? 만약에 오아시스가 없었더라면 사람들은 넓은 사막을 다닐 수 없었을지도 몰라요.

오아시스는 사막 가운데에 샘이 솟아 풀과 나무가 자라는 곳을 말해요. 옛날부터 오아시스가 있는 곳에는 마을이 생겨서, 사막을 오가며 지친 상인들이 쉬는 장소가 되었지요. 오아시스는 사막 모래층 아래에 고여 있던 지하수가 땅의 틈으로 올라와서 만들어집니다. 땅속에 있던 지하수는 지층이 끊어지거나 침식으로 지표면이 깎여서 올라오게 된답니다.

사막은 오늘날처럼 비행기나 배로 이동할 만큼 교통이 발달하지 않았던 시대에는 지나기 어려운 곳이었어요. 다행히 오아시스가 있었기 때문에 오아시스를 연결하는 길을 만들어서 여러 나라들이 서로 왕래할 수 있었답니다. 비단길이란 뜻의 실크로드가 대표적인 경우입니다. 실크로드는 사막을 사이에 두고 동쪽에 있는 나라와 서쪽에 있는 나라를 연결한 길이었지요. 동쪽 나라들은 중국에서 난 비단 등을 서쪽 나라들로 옮겼고, 서쪽 나라들은 보석이나 직물 등을 동쪽 나라들로 옮겼답니다. 만약 사막에 오아시스가 없었다면 사막을 지나기 어려웠을 테고, 그러면 이와 같은 교역은 이루어질 수 없었을 거예요.

교역

나라와 나라 사이에서 물건을 사고팔며 서로 바꾸는 것을 말합니다. 무역과 같은 말이에요.

와, 저기 오아시스가 있다.
너무 목이 말랐는데 정말 다행이군.

Q&A 꼭 알고 넘어가자!

문제 1 바닷가에 있는 해식동굴은 어떻게 만들어지나요?

문제 2 예전에 빙하가 있었던 지역에서는 U자곡을 찾아볼 수 있어요. U자곡은 어떻게 해서 생겨났을까요?

3. 황사현상이 일어나면 황사가 발생하는 지역의 사막화가 빠르게 이루어집니다. 땅에 있던 모래가 바람에 쓸려 가면서 없어지므로 땅이 점점 메말라서 식물이 자랄 수 없게 되지요. 또 황사가 주변 지역으로 날아가면 공기를 뿌옇게 만들어서 앞을 선명하게 볼 수 없어요. 몸에도 좋지 않은 영향을 준답니다. 호흡기 질병과 눈 질병, 알레르기 등을 일으켜요. 특히 연세가 많으신 할아버지, 할머니와 면역력이 약한 어린아이는 호흡기와 관련된 질병에 쉽게 걸릴 수 있답니다.

문제 3 황사현상이 일어나면 황사가 발생하는 곳과 주변 지역에 어떤 영향을 줄까요?

정답

1. 해안이 바다 쪽으로 튀어나와 있는 곳은 파도에 의해서 침식작용이 활발하게 일어납니다. 먼저 파도와 풍화작용에 의해서 해식절벽이 생기지요. 해식절벽의 일정한 지점에 파도가 계속 부딪치면 그곳만 움푹 파여서 해식동굴이 만들어져요.

2. 빙하는 내리는 눈이 녹는 눈의 양보다 많아서 만들어집니다. 하지만 아무리 눈이 많이 온다고 해도 눈이 계속 쌓일 수는 없어요. 빙하 위에 쌓여 있는 눈덩이는 중력의 영향으로 흘러내린답니다. 고산지대에서 흘러내린 눈덩이는 뭉쳐져 굴러 내려오며 땅을 깊게 파서 골짜기를 만들어요. 그렇게 해서 만들어진 골짜기가 바로 U자곡입니다.